中学デビューシリーズ

初心者もぐんぐんレベルアップ

軟式野球入門

著

平井成二

山梨市立山梨北中学校

ベースボール・マガジン社

はじめに

　この本を読んでいる読者の方々は、野球を始めたばかりの方でしょうか。まずは多くあるスポーツの中で、野球を選んでくれたことにありがとうと言いたいです。

　野球というスポーツは、人間的に成長するためのツールになると私は考えています。おそらくスポーツの中でひとりの選手が2つ以上の道具を使うのは野球だけでしょう。野球を通して道具を使いスポーツをすることで、自分に得られる成長やチャンスはより多くなると思います。ぜひ野球の特質を通して、人間的にも成長してほしいです。

　野球には個人対個人の勝負と、チーム対チームの勝負が存在します。これも面白さの一つではないでしょうか。個人対個人で勝ったり負けたりする経験もできたり、個人のプレーを仲間がカバーし支え合うことが結果につながる。仲間と協力して自分の力を発揮したり、仲間の力を発揮させることも野球の良さかなと感じます。

　また、野球は一人の力でアウトは取れません。例えば守備で自分が打球を捕球しても、送球を受けてくれる仲間がいなければアウトにならない。バッティングで自分がヒットを打っても、その前にいる走者がホームインできないと得点が入らない。仲間と協力して得点し、仲間と協力して得点を防ぐチームスポーツの要素と、自分が、打者として投手と1対1で勝負をする緊張感のある勝負体験。野球はそれらをバランスよく経験できます。他のスポーツと比べると、守る場所がある程度決められているのも野球の面白さ。「自分がこのポジションを任されているんだ」という個人の力が必要とされる要素と、チームで勝つ喜びを両方味わえるのが野球かなと思います。

　この本では最初に野球に必要な体の使い方を教え、次に野球の技術、そして試合での考え方を順序立てて紹介していきます。この本で野球の技術を学び、より一層野球が好きになってもらえたら幸いです。

山梨市立山梨北中学校　**平井成二**

目 次

構成・写真・動画撮影／武山智史
イラスト／田中祐子
装丁・本文デザイン／paare'n

PART 1

野球の魅力

野球の試合の目的とは？

ルールブックの最初に書かれている言葉

　野球における試合の目的とは何だろう？　そんな疑問がふと浮かぶことはないだろうか。野球のルールについて書かれたものにアメリカの「オフィシャル・ベースボール・ルールズ」がある。これを訳したものが、日本で一般的に言われている野球のルールブック「公認野球規則」だ。

　そこには一番最初に、野球の試合の目的についてこう書かれている。

　●野球は囲いのある競技場で監督が指揮する9人のプレーヤーからなる2つのチームの間で、1人ないし数人の審判の権限の下で本規則に沿って行われる競技である。

　●打者が走者となり、走者となれば進塁して得点することに努める。守備は相手の打者が走者になることを防ぎ、走者となった場合はその進塁を最小限に留めるように努める。

　●打者が走者となり、正規にすべての塁に触れたときにそのチームに1点が記録される。各チームは相手チームよりも多くの得点を記録して勝つことを目的とする。

　●正式試合が終わったとき、本規則によって記録した得点の多い方がその試合の勝者となる。

技術を身につける

　ルールブックを読み進めていくと、「これが野球です」というのが簡単に書かれているのに気づくだろう。この中で「打者が走者となり進塁して得点する」とあるが、得点を挙げるためには打者や走者として何を身につけなければならないのか。その技術が必要になってくる。

　逆に守備側はどんなことに気をつけるべきだろうか。打者が走者になることを防ぐ、進塁を最小限に留める、得点を取らせない守備を身につける必要がある。これが「野球の原則」という考え方だと私は思っている。

野球のゲームの本質とは？

1点でも多く点を取った方が勝ち

野球は人が得点となるスポーツ

スポーツはその競技の特性で様々な得点の入り方が存在する。

例えばサッカーやバスケットボールなどゴール型のスポーツはゴールにボールが入り、バレーボールやバドミントンなどネットをはさんだスポーツはボールや羽根が地面に着いたら得点が入る。では野球はどうだろう。走者がホームベースを踏むことで得点が入るスポーツだ。他のスポーツはボールが得点に関わるが、野球の場合は人によって得点が入る特殊性を持っている。「野球は陣取りゲーム」という表現をすることもあるが、その要素は強いだろう。

100対0で勝つのも、1対0で勝つのも同じ勝利ではあるけれど、先ほど触れた「野球の目的」であったように、勝つためには相手よりも1点でも多く得点を取れば良いのだ。もっと言えば、相手よりも多くヒットを打ったり、走者が多く出塁して得点のチャンスをたくさん作っても、走者がホームベースを踏んで得点しなければ勝つことはできない。

アウトは打者と走者から取ることができる

走者を多く出塁させてしまえば失点する可能性は高くなる。しかし、走者が多く出塁するということは、それだけアウトを取れるチャンスが増えるとも考えられる。走者がいないときは打者からしかアウトを取れない。これが走者1塁だと、打者と走者でアウトを取れるケースが生まれてくる。

これがもしノーアウト満塁のチャンスになれば、裏を返すとアウトを取れる場所が4つもあることを意味している。よく「ピンチはチャンス」と言うけれど、考え方によってはいくら走者を出しても、最終的にホームベースを踏ませなければ良いというディフェンスの仕方が必要になってくる。その考えは大会を勝ち上がっていくごとに、より高まってくるのではないだろうか。

チームプレーでありながら

野球は「個人対個人」の要素が強い

個々の技術も磨く

　野球は一般的に9人対9人のチームスポーツだと言われている。しかし私はチームスポーツでありながら、投手対打者のように「個人対個人」の要素も強いものではないかと感じる。バッターボックスには打者以外は入ってはいけないし、同じようにマウンドも投手以外は入ってはいけない。そういう規定を持つスポーツは野球だけだろう。サッカーやバスケットボールなど他のスポーツでも試合中に1対1の場面はあるが、野球ほど「個人対個人」に注目が集まるものではない。

　第5回WBC決勝の日本対アメリカの9回表2死、日本の大谷翔平とアメリカのマイク・トラウトの対決は大いに盛り上がった。結果は大谷がトラウトから空振り三振を奪い、日本はWBC制覇を達成した。エンゼルスのチームメイト同士、日米を代表するスーパースターの対決など、様々な要素も含まれていたが、あの場面はまさに「個人対個人」の対決を象徴するシーンだ。

　個の場面もフューチャーされるチームスポーツが野球の面白いところ。チーム力を高めるのはもちろんだけれど、個々それぞれがスキルやテクニックを磨く必要があって、それをみんなで協力し合う。そして「個人対個人」の場面で相手を圧倒することが、チームの勝利へとつながっていく。野球は個人スポーツとチームスポーツの両方を兼ね揃えているのだ。

「個」がクローズアップ

自らをコントロールできる選手を目指す

「武器」を持って試合に臨む

　よく「良い選手とはどんな選手ですか？」と聞かれることが多い。そんなときに私は「良い選手とは、コントロールができる選手」と答えることが多い。自分や場面をコントロールできる選手。それはメンタルのコントロールはもちろん、ボールのコントロールも一緒。ある場面で正しいプレーの選択を下すこともそうだろう。より多くのテクニックを身に着けていなければその場面をコントロールできるプレーの選択肢が増える。

　指導者の考え方として、私は選手たちに色々な武器を持たせたいと考えている。そして色々な武器を持たせて旅立っていく。イメージとしては「ドラゴンクエスト」に代表されるロールプレイングゲーム（RPG）だ。勇者が剣や盾など色々な武器を手に入れ、敵に応じてその武器の中から選択して戦う。試合をロールプレイングゲームに置き換えるならば、「この場面ではこの武器、ここではこれ」とスキルトレーニングで色々な技術を身につけて試合に臨む。そのため試合中は私から「ああしろ、こうしろ」とは言わない。選手たちが決断するのだ。

　私は「この場面ではこの武器を使う、ここではこの技を使う」と選手たちが自ら選択していけるようなチームにしたい。そのためにはまず武器を持たせること。イコール、上手くなることだ。私が目指すのは「上手く、強く、相応しい」。テクニックを持つ上手さと正しく使える強さ。そして勝つことに対して相応しくなる。この３つを大事にして日々指導している。

PART 2

体の使い方

野球の技術でベースとなるのが、自分の体をいかにコントロールできるかどうか。体の使い方や動かし方をしっかりと理解することで、より多

鉄則 1 「親孝行をしなさい」の言葉の意味

　私がよく生徒たちに伝える言葉に「親孝行をしなさい」がある。その意味の一つが親から与えられた大事な体を、持て余すことなく体中の骨や関節、筋肉をしっかりと使い切ろうということだ。

　人間は200の骨と500の筋肉で形成されている。時には生徒たちの前に骨や筋肉の人体模型図を出し、人間にはこれだけの骨と筋肉があることを説明する。「体中にある多くの骨や筋肉を使ってスポーツをするんだ」と理解してほしいからだ。骨や筋肉を全部とは言わなくても、より多く使えるようにしなければならない。

　もし関節や骨、筋肉をきちんと理解することができれば、「ここの筋肉を使おう」と意識するようになるはずだ。

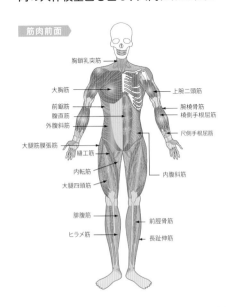

筋肉前面

胸鎖乳突筋
大胸筋
前鋸筋
腹直筋
外腹斜筋
大腿筋膜張筋
縫工筋
内転筋
大腿四頭筋
腓腹筋
ヒラメ筋
上腕二頭筋
腕橈骨筋
橈側手根屈筋
尺側手根屈筋
内腹斜筋
前脛骨筋
長趾伸筋

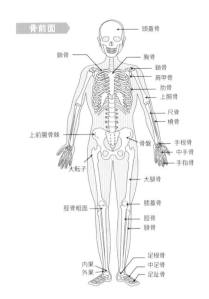

骨前面

鎖骨
上前腸骨棘
大転子
脛骨粗面
内果
外果
頭蓋骨
胸骨
鎖骨
肩甲骨
肋骨
上腕骨
尺骨
橈骨
骨盤
手根骨
中手骨
手指骨
大腿骨
膝蓋骨
脛骨
腓骨
足根骨
中足骨
足趾骨

「体の使い方」概論

くの筋肉や関節を使えるのだ。どこの筋肉や関節を使っているかを意識すれば、体の使い方が大きく変わってくる。

鉄則 2 「どこからが腕なのか？」

よく生徒に「腕はどこからあるのか？」と質問すると、多くの生徒は肩関節からが腕だと答える。しかし実際に腕を回す場合は鎖骨と肩甲骨の中間に位置する肩鎖（けんさ）関節と、鎖骨と胸骨（きょうこつ）をつなぐ胸鎖（きょうさ）関節も使うのだ。そのため、実際には体の中心近くまでが腕になってくる。

肩関節までを使って投げている場合、肩鎖関節と胸鎖関節は使わないで投げることになってしまう。そうなると使う関節が足りないため、しなりが生まれづらい。

これが胸鎖関節を使っていれば、ひじや腕が上がってゼロポジション（P12参照）になっていく。そのため「腕はどこから始まっているのか？」という問いに胸鎖関節からだと知り意識して動かすと、生徒たちは「動く、動く」と反応を見せる。「こんなところに関節があるんだ」と知れば、その関節を使って動かそうという発想が生まれるのだ。

関節や骨、筋肉をいかに動かすかがスポーツでは大事なこと。ウォーミングアップからその意識で体を動かせば、一つ一つのプレーも意識しないで動かしたときとまったく違ってくるはずだ。

腕を回す動作も、意識が変われば効果が大きく変わる

ゼロポジション、パワーポジション

① ゼロポジション

ゼロポジションは肩甲骨にある肩甲棘（けんこうきょく）という部位と上腕骨が一直線となった位置。ゼロポジションを作ることで肩関節が安定し、関節や筋肉に負担がかからない。ボールを投げるときのリリースポイントにもなってくるのでしっかり理解しよう。

正面から

両手を頭に乗せ、そこからひじの位置を動かさずに手を挙げる。

横から

横から見ると、約30度前に傾けた位置がゼロポジションとなる。

ゼロポジション、パワーポジションという言葉を聞いたことがあるだろうか? ゼロポジション、パワーポジションはともに野球に欠かせない動きとなっているため、しっかりと身につけたい。

② パワーポジション

「パワーポジション」は下半身が一番力を発揮しやすい体勢のことだ。体勢としてスクワットの姿勢に似ているだろうが、ひざを深く曲げすぎないようにする。バッティングや守備の構え、走塁時のリードの体勢など、あらゆる場面で使われる。力強く安定したプレーをするためにも、しっかりと覚えておきたい。

立った状態から手を前に出して体を前に傾け、ひざを曲げる。

背中は丸くならず、股関節から曲げてお尻を突き出した状態を作る。

しゃがむ

1 基本動作

正面から

横から

GOOD ○

立った状態から屈伸をするように、その場にしゃがむ。このときに注意したいのは、かかとは地面に着いたままであること。かかとが着いていることで股関節が屈曲され、股関節の裏側の柔軟性がより必要になってくる。

NG ×

かかとが浮いて、つま先立ちになっている。

体を使う上で大きなポイントとなるのは股関節の使い方。しっかりとしゃがんだ状態を作れるかが大事になってくる。しゃがんだ状態が作れるように、体の柔軟性を高めよう。

② 手を前に伸ばす

野球は体の前でプレーすることが多いスポーツだ。しゃがんだ状態から手を前に出し、地面に手を着けていく。慣れてきたら、だんだん手を遠くへと伸ばしてみよう。

③ ペアを組み両手をつかむ

ペアを組んでお互いに向き合い、しゃがんだ状態を作る。より柔軟性を高めるために、両手をつかんで引っ張り合う。かかとが浮かないように注意しよう。

開脚

正面から

横から

腰を落として両足を広げる。両ひじは太ももの内側に置き、股関節も徐々に広げていく。

腰が落ちた体勢にならないよう気をつける。ひざとつま先は同じ方向を向く。

Point 開脚するときはひざが外側へ同じ方向を向いていること。。ひざとつま先が内側を向いてしまうと、股関節がロックされるため注意が必要だ。両ひじでひざを押し広げるように力を入れてみよう。

股関節を柔らかくするのに、足を開いた開脚も大事な動作だ。開脚した際の股関節の動きはしゃがむ動作にもつながってくる。

正面から

ひざが内側に入っているため、
十分に股関節を伸ばすことがで
きていない。

Point 立った開脚だけでなく、座った状態で開脚を行う方法もある。その際に足をまっすぐ伸ばすのが厳しいなら、ひざを曲げて行う方法も良いだろう。そして、両ひじを地面につけるように体を前に倒す。息を吐きながら手を前に伸ばすこともポイントだ。

腕を回す

① 基本動作

GOOD○ 体の前を通って腕を回している。体の中心近くに位置する胸鎖関節を意識してみよう。

NG× ピッチングマシンのように縦回転で腕を回している。

上半身は腕を回すことが重要になってくる。ゼロポジションを作り体の前面を通して回していく。「腕を回す」と聞くと、ピッチングマシンのように腕を縦に回すイメージが強いが、腕を体の前面、左右に回すイメージを持ちたい。バッティングもピッチングも、常に体の前で腕が回るのだ。

② 腕回し→投げる

GOOD ○ 体の前を通した回し方は、ピッチングやバッティングの動きと直結している。投げる動作は両肩の位置を入れ替えることで腕が前に出るのだ。

NG × 縦回転で腕を回すと腕が背中方向に引き寄せられ、ひじが前に出てこない。

Let's Try!

BBSとは？　肩甲骨や股関節をうまく動かせるように、私が名付けた運動がBBS（ベースボール・ボディ・スキル）だ。どの部分を動かしているかを常に意識して取り組んでほしい。ウォーミングアップで行うのも良いだろう。

正面から

胸の前で手を合わせ、足の伸脚深くを
リズムよく交互に行うイメージ

Point　伸ばした足のつま先は上を向き、体を寄せた側のかかとは地面に着いていること。しっかりと股関節を伸ばしながら行うことを意識しよう。

BBS（ベースボール・ボディ・スキル）

動画で
チェック！

B－EX

股関節を意識したエクササイズ。両手を胸の前で合わせ、伸脚の体勢から体を低く左右に動かす。

横から

Point

できるだけ頭の高さを変えずに左右に移動する。かかとが浮き、つま先で動こうとすると頭の上下動が激しくなってしまうので注意。足の裏を使って移動する意識を持とう。

NG× 曲げている足の股関節が開いていない。

NG× 曲げている足のかかとが浮いている。

Let's Try!

ニートースクワット

股関節を意識したエクササイズ。足を広げた状態から両手を腰の下に置く。その体勢から腰を落とし、開脚した状態を作りこの動作を繰り返す。

横から

Point　腰を落とす際には背中が丸まらないように注意。
背中は伸ばした状態でそのまま開脚する。

BBS（ベースボール・ボディ・スキル）

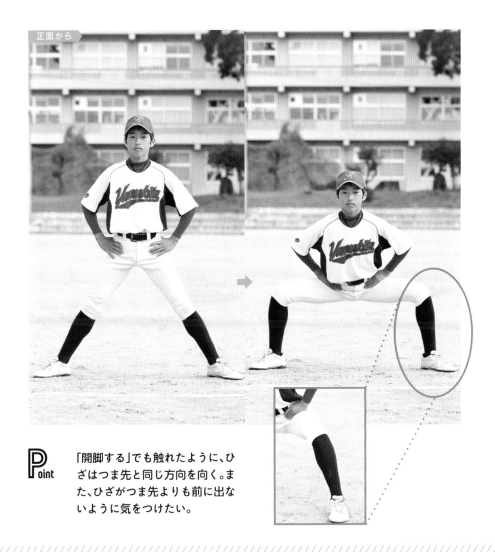

正面から

Point　「開脚する」でも触れたように、ひざはつま先と同じ方向を向く。また、ひざがつま先よりも前に出ないように気をつけたい。

Let's Try!

スイングスクワット

股関節のエクササイズ。片足を内回りにスイングさせ、その反動で足を大きく踏み出しスクワットの体勢を作る。

BBS（ベースボール・ボディ・スキル）

スイングしているときに体がぐらつかないように、片方の足で踏ん張る。
また、スイングした反動をうまく利用し、しっかりと足を踏み出そう。

NG×

体勢が崩れたまま大きく
踏み出している。

NG×

ひざとつま先が内側を向いている。

Let's Try!

0ポジションウェイブ

肩甲骨を意識したエクササイズ。ゼロポジションの位置に両腕を挙げ、そこから左右に大きく腕を振る。

oint　振る腕をゼロポジションで止める。腕を振る勢いに負けてゼロポジションより下に腕が落ちないように背中や胸の力を使ってしっかり止め、また腕を上へ振る。そうすると体の中心（体幹）で腕を使う感覚が得られやすい。

BBS（ベースボール・ボディ・スキル）

Point 腕だけでなく、胸鎖関節を意識しながら振る。回数を重ねていくとだんだんひじが曲がったり、ひじの位置が下がったりするため、ひじの位置は常にキープしておこう。

NG✕

ひじを曲げた状態で
腕を振っている。

NG✕

ひじが曲がっているため、
本来よりも低い位置で
腕を振っている。

Let's Try!

インフィニティ（上半身）

「インフィニティ＝無限大」の言葉通り、「∞」のマークのように腕を回していく。肩甲骨の動きを意識したエクササイズ。

Point　両手で大きいボールを持つイメージで構え、下から上へ出すように腕を回す。ひじから先に出していくことで、肩甲骨が動く。大きく回すとパワーが出て、小さく回すとスピードが増す。

横から

NG✕

手だけで小さく動かしている。また、ひじが先に動いていないため肩甲骨をうまく使えていない。

Let's Try!

インフィニティ（下半身）

上半身と同じく、「∞」のマークを描くようにひざを動かす。ひざだけでなく、つま先や股関節を回す方法もある。

効果的な練習法

BBS（ベースボール・ボディ・スキル）

Ⓟoint 地面に「∞」のマークを書いてひざの動かし方を意識する。また、両足を固定しパ
ワーポジションの体勢からひざを回す。このときの内側から外側へ動かすインワー
ドの動きが、バッティングで前足が接地する動きにつながってくる。

上体が左右に大きくブレ
ている。

走り方

野球では「良い打ち方」「良い投げ方」「良い捕り方」という技術的な話は一般的によく出る。その一方で「良い走り方」という話はあまり聞かない。

鉄則 1　ただ走るだけではない

　野球は陸上の100m走のように、スタート後はゴールまで走り続けるものではない。トップスピードから止まったり、切り返して方向転換する動きも不可欠だ。直線を走るよりも回ったり、止まったりする要素が強い。そのためにも止まる動きや切り返す動きなど、様々なスキルを身につける必要がある。

走塁では急に止まる場面も出てくる

鉄則 2　足は体の真下に接地する

　足が速い選手の特徴として、踏み出した足は体の前ではなく真下に接地している。そのためにもひざを常に前に出した状態を作らなければならない。写真のようにペアを組む相手の体に両手を出し、その場で足を真下に接地する練習方法もある。

壁に手をつき、腿上げを繰り返してもいいだろう

「良い走り」の絶対鉄則

だからこそ「良い走り方」を身につけることも重要になってくる。ぜひ「いい走り方」を身につけよう。

鉄則 3 足の入れ替えが大事

走るときには右足が地面に接地していたら、左足は足を上げる準備をしなくてはならない。そして、左足が接地すると同時に、右足は足を上げる。空中で足が入れ替わるイメージだ。写真のように腕立て伏せの状態から前後に素早く足を動かし、足の入れ替えを繰り返す。

陸上の短距離選手なども
取り入れている練習で、
足の入れ替えが早くなる

鉄則 4 足は体の下に接地する（後ろが大きくならない）

鉄則❶から鉄則❸を踏まえて考えると、一般的に足が遅い選手の傾向としてひざが前に出てこないため、走るときに後ろが大きくなる印象が強い。また、腰が落ちて走っているのも大きな特徴だ。

足が後ろへ流れてしまうと、
それだけ前に進むためのロ
スになってしまう

スタートダッシュ

体を前に傾け、我慢し切れないところで1歩目を踏み出す。

第1歩は小さく、頭の真下で接地するイメージで足を出す。

低い体勢をキープし、スピードに乗っていく。

NG✕

第1歩を大きく前に踏み出している。「速く走ろう」と思って歩幅を広げようとすると、頭の位置よりも足が前に出てしまい、ブレーキをかける動きになってしまう。

野球で直線を走るのは長くても塁間の約27メートル。そのためスタートダッシュでいかに速いスピードに乗れるかどうかが重要になってくる。

ひざを見ながら走る
スタートダッシュではひざを前に出すことが大きなポイントとなる。そのためにも走っているときに前傾体勢を作り、自分のひざを見ながら走るように意識しよう。

Point
足が接地して地面を蹴るイメージは、ひざを曲げずにその場でジャンプする動きで養う。足は拇指球の少し手前から上の部分で接地し、リズムカルに高くジャンプする。かかとで着地しないように注意しよう。

走る→止まる

Point
練習ではラインを引いたりマーカーを置くなど、止まる場所を設定。その地点で止まる技術を身につけよう。止まるときはスピードを徐々に落として止まるのではなく、ピタッと急停止できるのが理想だ。次の動きに対応できるよう、手を前に出し前傾姿勢で止まる。

守備やベースランニングではトップスピードから急に止まる場面も少なくない。
そのためにも、ただ走るだけではなく止まるための練習も必要だ。

徐々にスピードを落として止まる。

止まったときに体が反ってしまう。
これでは次の体勢にうまく移るこ
とができない。

走る→戻る

1 常に次の塁を狙う姿勢が大事

野球では、ダッシュから急激に方向転換をしなければならないケースが多い。例えば、一塁を駆け抜けたあとすぐに止まらず、ライトポールのほうまで走って行ったのでは、エラーなどで二塁へ進めるチャンスがあるときそれをつぶしてしまう。そうならないためにも素早く止まり方向転換をする練習をしておきたい。

全速力でダッシュ。

トップスピードから急停止する。

 Point　前のページで触れたように、戻るためにはいかに止まる動作がしっかりできるかがポイントとなる。トップスピードから急にストップをかけることで、次の動作にもスムーズに移行することができるのだ。

止まる技術を身につけたら、次は止まってから戻る練習をやってみよう。守備やベースランニングでは一度止まって方向転換する場面も試合中は多々ある。

足を素早く切り返す。　　　　　　　　　　　　　　　　　目的地へと戻る。

Point
止まるときと同じようにラインを引いたり、マーカーを置いて止まる位置と戻る位置を決めておく。止まってから素早く切り返して、戻る位置に移動する。

スタート練習

1　グラブをはめたスタート練習

内野手や外野手は、ポジションによって走る距離は変わってくる。守備ではグラブをはめて走るため、普段からグラブをはめてダッシュをする練習をしておきたい。スターターの手の動きに合わせてタイミングを取り、どちらにスタートを切るか判断する。

Point　スターターが「1、2、3」のタイミングで手を出す。手の動きを見て右に走るか、左に走るか、またはその場に止まるかを見極める。動きながらスターターを見て、「2」のタイミングでジャンプ。「3」で両足で着地し、スタートならばその方向へダッシュする。バッターのインパクトに合わせて構えるイメージを持つ。もし間違って逆方向にスタートを切った場合、すぐに戻って本来の方向へ走る。

普段走るときは手に何も持たないが、野球では守備のときにグラブをはめて走る。そのためにも普段の練習からグラブをはめて走ることに慣れておくべきだろう。このページではグラブをはめてのスタート練習を紹介する。

② グラブをはめた後方へのスタート練習

次にグラブをはめて後方へ走るスタート練習を紹介しよう。スターターが出す手の動きを見て、右側か左側を向いて後方へと走る。走るときは大回りにならず、真後ろに直線で走っていく。自分の真後ろに上がったフライを捕球するのが苦手な選手も多いはずだ。この練習を繰り返し後ろへ下がることがスムーズになれば、捕球に対しても余裕が生まれてくる。

「1、2、3」の2でステップ、3で着地。どちらに走るか判断。

行きたい方向の逆の足(この場合は左足)でステップ。

行きたい方向の足(この場合は右足)を動かしスタートを切る。

ボールの握り方

正面から

人差し指、中指、親指の3本の指を使って握る。親指は人差し指と中指のボールをはさんだ延長線上に置く。

横から

親指は指の腹ではなく側面でボールに触れる。グッと握るのではなく、掛けるイメージで握る。

上から

人差し指と中指の間は、縦にして指一本分離す。人差し指と中指をくっつけると力は入るが、安定感がなくなるので注意。

NG✕

親指が人差し指と中指をはさんだ延長線上になく、横に位置している。

ボールを握ってみよう

ボールの握り替え

Point ボールを捕球したら、まずは5本の指でボールを持つ。そこから握り替えを行う。3本の指でボールを持つ場合、一発で握り替えることができれば良いが、確実に握り替えができる確率が低くなる。5本の指でボールを持つのが基本の形だ。

NG×

5本の指　　　　　　　3本の指

一連の流れ

Point 捕球してからテイクバックのトップに向かうまで、腕の曲線の過程の中で5本指から3本指に握りを変えていく。直線的ではなく、曲線を描くようにテイクバックへ移行する。握り替えて腕が加速していき、トップへと向かうのだ。日頃から空いている時間に、握り替えの練習をするのも良いだろう。

投げる（短い距離で指先の感覚を養う）

① 下から5m先のカゴに投げる

5m先にカゴを置き、指先を使ってボールを下から投げる。良いタイミングでボールを離すと、良いボールが行くため、その感覚を覚えるのがポイントだ。

ゴールが箱に入ってから飛び出してもかまわない。指先で距離感をつかむことが大事だ

② ペアを組んで投げ合う

次にペアを組んで下から投げ合う。距離はカゴに投げるときと同じように5m離れ、捕球する側はグラブで的を作るように、グラブを体の前に出す。投げる側はグラブを狙って下からボールを投げる。

パートナーがグラブで作った的に、山なり、直線などいろんなボールの軌道で投げて指先の感覚を養おう

壁当てにしてもキャッチボールにしても、野球を始めたときにまず最初にやるのは投げること。特にボールを離す指先の感覚がとても大事になってくる。まずは狙った場所へ投げられることを目指そう。

③ 上に向かって高く投げる

今度は上から投げてみよう。最初はネットに正対し、ネットの高い位置を狙って高くボールを投げる。ボールを放すときは人差し指と中指にしっかりとボールを掛けることを意識しよう。

ネットに当たらないようにうまく投げ上げられたときの感覚を覚えて、それを再現できるように何度もトライしよう

④ ペアを組んで投げ合う

慣れてきたら次にペアを組み、5mから10mくらい離れる。相手が構えたグラブを狙ってボールを高く投げ合う。

投げ上げる高低もいろいろなパターンを試してみよう。高さを出して距離感を調整するというのが、意外に難しいということもわかってくる

投げる（スナップスロー）

両足は肩幅より少し広く開く。ボールは力を入れないよう、軽く握る。

グラブ側の腕と投げる側の腕を使ってトップをつくる。

グラブ側の腕で支点にして腕を前に走らせる。

腕が投げる方向にしっかり伸びる。

動画で
チェック！

指先でボールを離す感覚を身につけたら、次はひじから先を使って投げるスナップスローだ。10mくらい離れ、相手に向かって投げてみよう。

正面から

スナップスローは体を大きく使って投げるものではないため、上半身を大きくひねる必要はない

NG✕

ボールを持つ腕が背中側に引っ張られてしまい、ひじが前に出にくくなる。

CHECK!

ボールの上に手がある状態を作る

遠くへボールを投げるためには、腕を回して投げる必要がある。テイクバックの原則は、ボールの上に手がある状態を作ること。山本由伸投手のように腕を伸ばす方法や、大谷翔平投手のようにショートアームで投げる方法がある。

腕を伸ばしたテイクバック

ショートアームのテイクバック

NG✕

テイクバックのときにボールが手よりも下にあると、かつぐような投げ方になりひじが出てこない。ひじを痛めるリスクも高いので注意が必要だ。

投げる（腕を回して投げる）

トップの位置

頭

目はまっすぐに投げ
る方向を向いている。

肩、腰

肩と腰はまだ開
かず、ともに平
行になっている

腕

ボールを持つ手はひじ
より上にあり、グラブを
持つ手は体より前方に
出している。

 Point

並進（横に動く）運動で
体重移動を行ってから
回転（回る）運動ができ
るようにしよう。並進運
動しながら回転運動が
始まるといわゆる「開き
が早い」投球フォームに
なってしまう。

足

前足のつま先は投げる
方向を向き、後ろ足には
まだ体重が残っている。

CHECK!

リリース

肩、ひじ

ゼロポジションの位置で
ボールをリリースする。

体

投げる方向へ
正対している。

Point

ひじが前を向き、落ちてしまうと前腕の力だけで投げ
るようなフォームになってしまうので気を付けよう。ひ
じは「出す」のではなく「出る」ものトップの体勢か
ら回転運動を行うは「出てくる」ようになる。

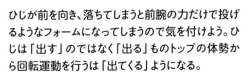

前足

つま先が投げる方向を向き、
体重が乗っている。

NG✕

ひじが曲がった状態でリリー
スをしているため、ボール
に力が伝わらない。

投げる（投げ手の使い方）

投げ終わり

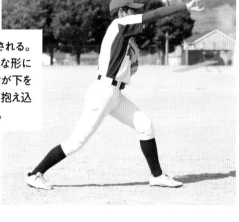

Point 投げ終わった後の腕は内旋される。
そうなると小指が上を向くような形に
なっていく。投げ終わりに小指が下を
向いていると内旋されず、腕を抱え込
むような投げ方になってしまう。

地面のボールを拾って投げる

腕の内旋を意識付ける方法として、
地面に置いたボールをそのまま拾っ
て下から投げる練習がある。強い
ボールを投げようと思ったら、手のひ
らは内旋されて下を向く。

Point

CHECK!

正面から

横から

Point

「投げる」という動作は利き手はもちろん、グラブを持つ手の使い方も重要。例えば腕相撲をするとき、大会では反対側の手はグリップを握っているだろう。同じような原理で投げ手だけでなくグラブを持つ手の力がないと、腕が前に走っていかない。野球は体の前に腕があるのが原則であるため、体の前にグラブを収める。

NG✕

グラブを体の前で収めていない。この状態ではグラブ側の手に力が入らず、投げる手に力がうまく伝わらない。

投げる（グラブハンドの使い方）

グラブを後ろに引く

正面から

横から

この写真のようにグラブハンドが後ろへ大きく流れても、リリースポイントでグラブハンドがしっかり体の前に収まっていた状態から、フィニッシュでこのようになったのであれば問題ない。体の前にグラブハンドが収まる局面を作ることができないと、ボールに力が伝わらなくなってしまうので注意しよう

 Point 大谷翔平投手やダルビッシュ有投手の投げ終わりを見てみると、よくグラブを大きく後ろに引く動作をしている。その光景を見て「グラブ側の腕を引いて投げろ」と指導しているケースが多い。でも実際はそうではなく体の前にグラブを収めて、ボールをリリースした後にグラブを後方へ引いているのだ。

Let's Try!

前後　下半身の動きを実感させる練習法として「前後」がある。前足に一度体重を乗せた後、軸足側に移してから投げる。

Point　後ろにためた力を前に移動させるときに軸足のひざが落ちないように気を付けよう。軸足のひざが落ち、前に引っ張り出されてしまうとせっかくの下半身の力がボールに伝わりにくくなってしまう。効率よくできるようなるためには股関節の可動域の広さが必要になる。

投げる（下半身の使い方）

前後キック　「前後キック」は「前後」と同じように、前足に一度体重を乗せた後に軸足側へ移動。後ろから前に体重移動し、投げ終わった後に真上にジャンプする。

Point　踏み出した脚（股関節）を支点にして効率よく回転運動をしよう、適切な支点で回転運動できれば踏み出し脚に体重が乗った勢いを使って真上にジャンプすることができる。真上にジャンプするにはどこに乗れば良いか、繰り返し自分の身体の使い方やバランスを確認しながらやってみよう。

体重が軸足側に残っている。

前足に体重移動後、バランスが悪く体勢が崩れている。

捕球の構え

上半身

肩に力が入らないように、リラックスして構える。

右手

捕ってすぐ投げるためにグラブに添える。

左手

グラブの面をボールに対して向ける。

下半身

パワーポジションの体勢で構える。

Point

「構え」とは「準備」ということ。ボールが来てから構えるのではなく、ボールが来るまえに構える（準備する）ことが大切になる。日頃から、相手の打ち方や投げ方を見て、打球が放たれる前、野手が送球を放つ前にどんな打球（送球）が来るか想像し準備する習慣をつけておきたい。

自己点検してみよう

ボールの捕球

グラブの出し方

上からのボール

グラブの先を上に
向けて捕球。

ベルトハイのボール

グラブの先を横に
向けて捕球。

低めのボール

グラブの先を下に
向けバックハンドで
捕球。

ゴロ

グラブの先を下に向け
フォアハンドで捕球。

素手でボールを下に落とす

グラブの面をボールに対して
向ける感覚を身につける練習。
手のひらをボールに向け、捕
らずに下へ落とす。

グラブをはめていると意識しづらいため、しっかり
と手のひらにボールを当てる感覚を養うことが大事。
どんなボールに対しても、手のひらで捕球すること
が理想となる

「BDM」の位置関係

1 「BDM」の位置関係

GOOD ○

ボール（B）と眼（M）の間に必ずグラブ（D）が入り、BDMの位置関係がしっかりと取れている。BDMの位置関係があるからこそ、確実な捕球につながる。

自分の眼（M）の前で、しっかりボール（B）とグラブ（D）をとらえておくことが大事。この距離感を身につけよう

Point

Dは道具のD。野手ならばグラブ、打者ならばバット。一人の選手が二つ以上の道具を使う野球の特性を活かせる選手になれるかどうかはBDMの位置関係を適切に保てるかどうかが大きく影響する。

NG ×

眼と道具（グラブ）が同じ位置関係になってしまい、BDMの位置関係が崩れている。

グラブ（D）と眼（M）の距離が近すぎ

グラブ（D）が眼（M）よりも後ろになっている

捕球する位置関係を表すものとして「BDM」という言葉を使う。Bはボール、Dは道具、Mは眼。この位置関係の順番を間違えてはいけない。捕球だけでなく、打つときやバントでもBDMの関係性は重要だ。必ずボールと眼の間に道具がある。

2 バッティングでのBDM

GOOD○

理想のミートポイントを迎えるためには、ボールとバットと眼の位置関係がとても大切。

NG×

ボールに差し込まれてしまい、横から見た場合、眼とインパクトが同じラインになってしまっている。

3 バントでのBDM

GOOD○

バントのときもBDMの関係性は同じ

NG×

BDMの3つがほぼ同じポイントにかたまっている

Point 眼とボールの間にバットが必ず入り、バッティングやバントもBDMの位置関係は捕球と共通している。バッティング練習も捕球練習の延長線上にあることを覚えておこう。

正面のゴロ捕球

① 一連の流れ

1（イチ）	3（サン）	2（ニー）

右足が着地しボールとの距離感を測る。	右足一本で立ち捕球体勢に入る。	グラブでボールを捕球。	左足が着地。送球体勢へと移る。

NG×　ボールを捕球するよりも先に、左足が着地している。

1（イチ）	2（ニー）	3（サン）

右投げの選手のゴロ捕球の場合、「1、2、3」のタイミングで捕るならば一般的には1は右足の着地、2は左足の着地、3で捕球となるだろう。しかし、捕った勢いを使って投げるためにも「1、3、2」の流れが良いのではと考えている。

Point 捕球する直前、右足一本で立つ捕球姿勢を作ることが重要になってくる。この体勢を作りボールとの間合いを測ることで、打球に対してうまく対応できる。「差し込まれた」と思ったら左足を後ろに引いて捕球したり、「ボールがまだ来ていない」と思ったら左足を前に出して捕球する。もし捕球よりも左足の着地が早ければ、この前後の調整ができなくなってしまう。さらに、ボールを捕球してから左足を着いたほうが、スローイングへの体重移動が行いやすく、強い送球をすることができる。

② 「1,3,2」の練習

正面のゴロ捕球は緩いゴロを転がし、「1、3、2」の動きを身につけるよう繰り返し反復する。

CHECK!

捕球体勢

頭
ボールがグラブに入ると
ころをしっかりと見る。

グラブ
ショートバウンドする
ボールに対してグラブ
の面を見せる。「前か
ら前」にグラブを使う。

前足
バウンドに合わせて
前に踏み出す。

Point
ゴロやバウンドで一番良いのはショートバウンドで捕球すること。ショートバウンド
で捕球する理由としてはイレギュラーがない。そしてボール自体に力があるため、
グラブを差し出せばスポンと入っていく。グラブは下から上にすくうように使うので
はなく、前から前になるように使う。一番捕球するのが難しいハーフバウンドで捕ら
ないように注意したい。

正面のゴロ捕球（ショートバウンド）

自分で投げてキャッチ

Point ハンドリングの練習としてショートバウンドの捕球練習は壁当てだったり、自分で投げてキャッチするなど様々な方法がある。フォアハンドだけでなく、バックハンドも練習すると良いだろう。ショートバウンドで捕るグラブの出し方と面の作り方をとにかく練習しよう。

CHECK!

捕球体勢

右手

ボールを握り替えるために、グラブの横に添える。

頭

頭は上下させず、一定の高さでボールを見る。

グラブ

フライが落ちてくるタイミングでグラブを出し、グラブの面をボールに向ける。必ず顔の前で捕球する。

足

素早く落下地点に入り、リラックスした姿勢でボールを待つ。

NG×

グラブが顔から離れており、体全体が伸び上がった不安定な体勢となっている。

Point

握り替えをするためには右手をグラブの横に添えると良いが、必ずしも両手で捕りにいくことが良いとは限らない。「シングルハンドで捕りにいき、投げるために右手とがグラブが近づく」くらいの感覚の方が実践的なプレーになるだろう。

動画で
チェック！

自己点検してみよう

フライ捕球

捕ってその場に座る

フライでよくあるのは頭の真上で捕球してしまうこと。しかし本来ならば顔の前で捕球しなければならない。顔の前で捕球できるように、ボールを捕球したらその場に座る練習方法もある。頭の真上では体が伸び上がり、その場に座るのができないだろう。顔の前という捕球位置を覚えるため、「捕ったらその場に座ろう」と練習している。

後方のフライ捕球

初心者はまず斜め後ろに上がったフライを追いかけて捕る練習をした方が良いだろう。最初はその場から1、2歩下がったところにボールを上げて捕球し、顔の真正面にグラブを出すように練習する。P41で紹介した後方へのスタート練習の走り方でボールを追いかける。

Let's Try!

シングルレッグ

右足、左足それぞれ片足一本で投げる練習。地面から浮かせたもう一方の足の反動を使って投げる。右投げの場合、左足一本で立つときは右足が前から後ろへ、右足一本で立つときは後ろから前に足が振られる。力のベクトルの向きを意識しながら投げてみよう。

1 左足一本で立つ

右足を地面から浮かせ、左足だけで立つ。

右手を後ろに引き、右足を前に振る。

右手が前に出る一方、右足が後方に動く。

投げ終わり。左足で踏ん張る。

効果的な練習法

シングルレッグ

Point 「下半身（脚）を使って投げる」とよく言われる。下半身を使うことの意味には、①勢いをつけて体重を移動し、②その勢いを止め、身体を支えるという二つの要素がある。しっかり止まり、支点を作ることで腕が前に走っていき（腕が振られ）やすくなる。地面に着いているシングルレッグがしっかり体を支えるためには反対側の足や腕の使い方が重要になる。

② 右足一本で立つ

左足を地面から浮かせ、右足だけで立つ。

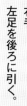

右手、左足を後ろに引く。

右手、左足が前方に振り出される。

投げ終わり。右足で踏ん張る。

Let's Try!

グラゴロ

ペアを組み、ゴロを転がしてグラブの面を向けたまま、そのまま相手にゴロでボールを返す練習。ボールを左右に大きく動かして、移動しながらグラゴロを行うのも有効だ。グラブの面を向け、押し出すように相手へと返していく。体は低い体勢をキープする。

「グラブは下から。上から出すな。」とよく言われる。グラブを下から使うためには「ボール（打球）の軌道にグラブを入れておく」ことが必要になる。ボール（打球）が来るのに合わせてグラブを出そうとすると上からグラブを出すことが多くなってしまうので気を付けよう

効果的な練習法
グラゴロ

Point ショートバウンド同様、グラブを下から上へすくい上げないように注意。返した
ボールがゴロでなく、浮いたボールになっていたらグラブを下から上へと使って
いる証拠だ。常にグラブの面を意識して、ゴロで相手へ返すように心がけよう。

Let's Try!

チャージキャッチ

約15mから20m離れた位置から投げ手に向かい一直線でダッシュ。投げ手が投じたボールを走りながらキャッチする。この練習の目的として、一つはグラブをはめて速く走れるようにすること。もう一つはボールが来てグラブを出すスピードを高めることだ。投げ手は全力で投げるため、テニスボールを使って恐怖心を和らげる方法もある。

投げ手に向かって一直線に走り、投げられたボールを捕球する

動画でチェック！

効果的な練習法

チャージキャッチ

Point

チャージキャッチで大事になるのはP58、59で触れた「BDM」の位置関係だ。グラブと眼が同じ位置にあると「BM」となってしまい、カンで捕っているだけになってしまう。ダッシュする最中でもボールと眼の間にグラブが来て捕球できるように意識付けよう。

速く走る（チャージする）ためには腕（グラブ）を振る必要がある。腕を振り、速く走れたとしてもグラブを正確に出せなければ捕球ができず、速くチャージした意味がなくなってしまう。トップスピードで走っていても道具を上手に扱える選手は「球際が強い」選手だ

捕球するときは「BDM」の位置関係を意識する

Let's Try!

後ろに下がってのゴロ捕球

後ろに下がっていく中でゴロを捕球し、差し込まれた体勢でもステップを踏んで送球体勢に入るための練習。低い体勢でグラブを下に付けながら後方へ下がっていく。下がりながらショートバウンドだったり、バックハンドで捕球するゴロなど様々なボールを捕球していくので、ハンドリングが上手になる練習でもある。

通常は自分がボールに合わせて近づいていくがこの練習は自分でボールとの距離を調整できない

意図的にボールとの距離を調整できなくても角度の調整はできる。足を揃えず角度を作って適切な捕球体勢を作る練習にもなる

動画で
チェック!

効果的な練習法
後ろに下がってのゴロ捕球

Point 差し込まれたり体勢が崩されたときに焦って投げようとすると、暴投することが多い。なのであえて後ろに下がる状態で、不十分な体勢で捕ったときにフロントステップで小さい2歩を踏み、投げられるかどうかがポイント。体勢が不十分であっても、ステップを早く踏めば良い体勢に変わるのだ。

ゴロを捕球する代わりに上から投げられた送球を後ろに下がりながら捕球し送球体勢を作る練習を行ってもいい（動画参照）

ゴロであっても送球であっても、「差し込まれた」状態を意図的に作り、思い通りに動けなかったときの対応練習をすることで実践的な練習になる

PART 4

バッティング

バッティングには理論がいろいろ存在し、選手のスタイルや向き、不向きもかなり影響してくる。そのため、一概に「これが良い」というものが

鉄則 1 インサイドアウトで打つ

スイングが縦振りであろうと、横振りであろうと共通しているのは、ボールに対してインサイドアウトで打ちに行く。トップハンドのひじがおへそに向かっていき、バットが体の内側を通って振り出していく。逆にバットが外側から出て遠回りするドアスイングは避けたい。

鉄則 2 ボールの内側をたたく意識を持つ

鉄則1と関連した話になるが、インサイドアウトで振り出されたバットは内から外へと通っていく。実際にボールの内側をたたくと逆方向しか行かなくなってしまうため、「ボールの内側をたたく」という意識を持って、ボールを打ちに行きたい。

バッティングの絶対鉄則

必ずしもあるわけではない。そんな中で、バッティングで不可欠なもの
を紹介していきたい。

鉄則 3 「BDM」の位置関係

PART3で捕球する際の「BDM」の位置
関係に触れたが、バッティングやバント
でも同じ理論が当てはまる。バットに
ボールが当たるインパクトの直前、ボー
ル（B）と眼（M）の間には必ずバット（D）
がなくてはならない。バントでも同じ位
置関係があてはまる。

鉄則 4 前足のステップで「タメ」を作る

前足を踏み出す際、一気に体重を乗せ
てしまうと「タメ」がなくなってしまう。
最初につま先が着き、徐々に足の裏が地
面に接地していく。変化球を投げられた
際、前足のステップで「タメ」を作ること
ができれば、体が突っ込むことなくうま
く変化球に対応できる。

CHECK!

フィンガーグリップ

フィンガーグリップはバットを握るとき、指で握る一般的なグリップ。バットを柔らかく握ることができたり、手が使えて操作性が高い。主に中指、薬指、小指の3本を中心にバットを握る。そうするとヘッドをうまく走らせてバットを振ることができる。

握り方

構え

左右の指の第2関節を揃えてにぎったり、第2関節と第3関節を揃えて握ったりなど、インパクトでもっともボールに力を伝えやすい握り方を探してみよう

バットの握り方

パームグリップ

パームグリップは手のひらで握るグリップ。まだ手の小さい子どもがこのように握るケースが多い。ボトムハンドはフィンガーグリップで握り、トップハンドはパームグリップで握るよう指導する場合もある。

握り方

構え

グリップを一握り分あまらせて握る場合は、先にトップハンドをグリップエンドに合わせてからボトムハンドを設定

トップハンドをボトムハンドの上に持ってくる

Point
グリップの一番下を握り長く持つと、グリップエンドが邪魔をしてバットをうまく操作できない場合があるだろう。そのときはグリップを指一本分空けたり、一握り分空ける握り方もある。バットを短く持つことでバットの操作性も高まっていく。

CHECK!

手

バットを持つ手は
力を抜き、
楽にして構える。

肩、腰

肩、腰はともに
平行に構える。

下半身

パワーポジションの
体勢を作る。

左足

内側のくるぶしが
投手を向く。

NG×

かかと重心になって
いて、後方に体重が
乗っている。

構え、スタンス

スタンス

一般的にスタンスはスクエアスタンス、オープンスタンス、クローズドスタンスの3つがある。前足の位置はそれぞれ異なるが、共通しているのは軸足のくるぶしを投手に向けること。軸足の角度が変わるとすべてが変わってしまうため、軸足は投手に対して垂直に置く。

スクエアスタンス

バッターボックスのラインに対して平行に構える。

オープンスタンス

前足が開いた状態で構える。

クローズドスタンス

前足が後ろ足よりも前に来て、覆い被さるように構える。

CHECK!

投手の動きを見て、タイミングを計る

投手の投球動作に合わせて軸足側に
体重を乗せる

Point

軸足側に体重を乗せる際は、乗せ過ぎないことが大事。軸足の垂直方向、真上に頭があると安定してしまう。テイクバックはするけれど、安定して永遠にテイクバックを取っていられる状態だと体重が乗り過ぎている。構えていて1秒か2秒くらいで耐えられないと、前に傾いていけるような状態を作りたい。地面に垂直ではなく、地面に対してちょっと斜めの状態でテイクバックしていく。

テイクバック

NG×

背中側に腕やバットが入り込んでしまう。この状態だとバットが出てこない。このままバットを振ったとしても、バットはアウトコースに向かって出ていき、ドアースイングになってしまいやすい

NG×

軸足側に体重が乗り過ぎてしまい、体が反っている。この状態から足をステップしていくと、投手寄りに体が突っ込みやすくなってしまう

前足のステップ

1 前足のつま先から接地する

前足をステップしたら、つま先から地面に接地していく。このときにつま先から地面に着くことで「タメ」が生まれ、変化球や緩いボールに対しても泳がされることなくしっかり対応することができる。

逆にドンッと前足が着いてしまうと、体重が早く前足に移動し体が突っ込んだ状態になってしまうため注意が必要だ。

Point 前足のつま先が接地していく動きは、PART2のBBS（ベースボール・ボディ・スキル）のインフィニティ（P30参照）でのひざを内回り（インワード）に動かす動作と一緒だ。内回りで入っていくことでつま先が少しずつ地面に着く。逆に外回りの動きで接地するとつま先が外側を向き、体の開きが早くなってしまう。

テイクバックで軸足側に乗った体重を、前足がステップすることで前足側に移していく。前足はつま先から着いていき、足の裏が少しずつ接地する。前足を一気に着地させると「タメ」ができなくなり、変化球や緩いボールが投じられた際にうまく対応できなくなってしまう。

NG×

つま先が外側を向いて着地。ひざも外側を向いてしまい体が開いて「タメ」が作れない。

2 着地はつま先からかかとまで

前足の着地は最後にかかとが着く。かかとまで使って着地すると股関節が回りやすくなる。そしてフォーワードスイングに移っていく。股関節が回り始めるタイミングでバットの振り出しも始動する。

CHECK!

フォワードスイング

前足が着地してバットがトップの位置に来る。そこからバットを振り出すのを「フォワードスイング」と言う。その際には内から外への軌道を描くインサイドアウトでボールを打ちに行く。

横から

バットが体の近くを通って振り出していく。

正面から

oint インサイドアウトのスイングをするためには、まずはバットを体の近くへ通すこと。そうなるとトップハンドの使い方、特にひじがおへそに向かって動き出すことがポイントとなる。

バットを内側から出していくとなると、わきが締まりグリップエンドから出ていく形になる

フォワードスイング

NG×

バットが外側から遠回りして
振り出してしまっている。

トップハンドのひじがおへその
前に出てこないと、バットの出が
遅れてしまい、結果的にバットが
遠回りして出てくることになる

NG×

バットを前に押し出しすぎて
いる。グリップエンドが体の
中心線より前に出てしまうと
力強いスイングができない。

インパクト

インコース

近いほど窮屈になるため、
ポイントは前になる。

真ん中

前足の少し前のポイントが
インパクトの場所となる。

アウトコース

3つのコースの中でポイントが
一番手前になる。

インパクトはコースによってポイントが異なってくる。インコースならば前で、真ん中ならば通常のポイント、アウトコースは後ろだ。意識の中ではボールの内側をたたくイメージを持っておく。

Point

「ボールの内側をたたく」意識を持つことで自然に体を開かずに打ちにいける。ボールの外側へ回り込むよに打ちにいくとバットが遠回りしドアスイングになってしまう。

フォロースルー

1 フィニッシュハイのフォロースルー

フィニッシュでバットが肩より下にくる

2 肩から上へのフォロースルー

フィニッシュでバットが肩より上にくる

 Point　強い打球を打つために、フォロースルーはとても重要なポイント。基本的なイメージとして、フォロースルーは投手方向（センター方向）に腕が伸びていくのが理想だ。

インパクト後のフォロースルーを見るとスイング時のバットの軌道が見えてくる。フィニッシュが肩より上になる軌道、フィニッシュが肩よりも下になる軌道、いずれも選手にあった軌道を見つける手掛かりになる。

③ 右腕一本のフォロースルー

右の写真を見ての通り、両腕を投手方向（打球方向）に伸ばすとボトムハンドとトップハンドの腕の長さが異なる。両手でのフォロースルーを意識しすぎて体が開いてしまう選手には「片手でフォロースルーしてもいいよ」と伝えることがある。

体の向きの関係もあって、ボトムハンドの方が腕が長くなる

右腕一本でバットを振り切る。

左腕がバットから離れる。

ボールを打ったあと両腕が前に伸びる。

CHECK!

バントの構え

バントの構えはバッティングスタイルと関係してくる。軸足主体でスイングするバッターは、両足平行の構え。前足主体でスイングするバッターはクローズドの構えが合う。両方のやり方があるため「やりやすい方でやっていいよ」と伝えている。

両足並行

クローズド

Point バントでも捕球やバッティング同様、「BDM」の位置関係が重要だ。ボール（B）と眼（M）の間にバット（D）があることで、正確なバントにもつながってくる。軸足主体でスイングするバッターは、足を開いた状態での構え。前足主体でスイングするバッターはクローズドの構えが合う。両方のやり方があるため「やりやすい方でやっていいよ」と伝えている。

NG✕

構えに入る前、一度バットを下げてから構えの位置に入っている。できるだけ目に近い位置からバットを出して構えよう。

バント

タイミングを合わせて構える

投手のモーションに合わせて、足でタイミングを取りバントの構えに入る。

バントの構えを作る。

前足が着地し、バットが始動する。

前足をステップする。

 Point

バントはバットの芯でしっかり捉えるぐらいの感覚があれば良いなと感じる。生徒たちにはよく「メーカーのロゴがあるところを握ろう」とトップハンドの持つ位置について伝えている。ボールがバットに当てる場所はバットの芯。バットの先端近くに当てて打球を殺すことはあまり求めていない。

CHECK!

自分も出塁するためのバントだが
早く構えすぎないよう、投手のモー
ションにタイミングを合わせよう

右打者

左足を前に出すクロー
ズドスタンスで構える。

右バッター

NG✕

右足が投手方向へ交差しているため、
1塁へのスタートが遅れる。

左バッター

NG✕

気持ちが焦るあまり、
体が1塁側に流れている。

セーフティーバント

左打者は三塁線に転がすケースが多いが、投手・ファースト・セカンドの間を狙ってもおもしろい

投手のモーションに合わせて両足を平行に構える。

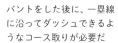
右打者・
一塁からの視点

右打者の場合、バントをしたらそのままの勢いで1塁に走る。

バントをした後に、一塁線に沿ってダッシュできるようなコース取りが必要だ

Let's Try!

メディシンボール投げ

バットをスイングするような動作でメディシンボールを投げる。手のタイミングと体のタイミングを一致させるための練習。センター方向にボールが放たれれば、手と体のタイミングが合っている証拠となる。逆にライト方向やレフト方向に行くと、手と体のタイミングにズレが生じている。

真っすぐラインに沿ってボールが飛んでいくような体の使い方をしよう。タイミングとフォームが良くないと、遠くへは飛ばない。あとは体幹の強さも必要になってくる

真後ろから

白いラインに合わせてメディシンボールを投げるように意識。投げ終わりはフォロースルーのように振り切る。

メディシンボール投げ

動画で
チェック!

横から

テイクバックと同じ動きでメディシンボールを軸足方向に持って行き、その反動を
使って前へ大きく投げる。

NG×

体の開きが早く、
手と体のタイミングが
ズレているため、
ライト方向へボールが飛んだ。

Let's Try!

声を出す置きティー

声を出してリズムを取りながら、スタンドに置かれたボールを打つバッティング練習。最初に高く上げた前足とバットを付ける動作を入れて打つ体勢に入る。「割れ」をつくって打ちにいく練習になる。

声を出す置きティー

動画でチェック！

一連の流れ

声を出しながら前足を上げ、
バットに付ける。

前足をステップし、
ボールとの間合いを測る。

スタンドに置かれたボールを
打つ。

フォロースルー。
バットを思い切って振り切る。

Let's Try!

走りながら打つ置きティー

走りながらボールを打つ置きティー。ティースタンドから約10m離れた位置から助走をスタート。ボールが置かれたスタンドの手前で打撃体勢に入り、助走した勢いを緩めることなく力強くボールを打つ。

通常はボール（投球）はバッターに近づいてくる。この練習は自分からボールに向かっていくことになる。打者はボールに近づきながらもボールとの距離をとるために必然的に「割れ」の動きを生み出すことになる。

走りながら打つ置きティー

動画で
チェック！

一連の流れ

バットを両手で持ったまま助走する。

スピードを落とさないまま、
ティーの手前で構えに入る。

助走した勢いを緩めず、
ボールを打つ。

そのまま思い切りバットを振り切る。

投手は試合のカギを握る重要な役割だ。ピッチングには抑えておきたいポイントがいくつかある。

鉄則 1 ストライクを取る

鉄則 2 リリースはゼロポジション

まずはストライクゾーンに投げられることが最低条件。10球中7球はストライクであることが望ましい。ストライクを投げられれば、アウトにする確率も高まっていく。打たれることを嫌がらずどんどんストライクを投げ込もう。

PART3でも触れたがリリースの瞬間はゼロポジションになっていること。ゼロポジションでボールをリリースすることで、良いボールが投げられる。また、グラブハンドもしっかり使うことも、ピッチングの中で身につけるべきテクニックだろう。

ピッチングの絶対鉄則

鉄則 3 軸足に体重が乗り過ぎない

鉄則 4 打者と走者からアウトをとる

　バッティングも同じだが、ピッチングも軸足に体重が乗り過ぎないことが大事。体重が乗り過ぎると安定してしまう。軸足に体重は乗せなくてはいけないが、乗り過ぎてしまうとその弊害が出てくるのも覚えておきたい。

　投手の相手は打者だけではない。できるだけ早く3つのアウトをとり、失点をしないようにするためにも、打者だけではなく走者にも注意を払える投手になる必要がある。

投手に必要な条件とは？

1 ストライク率は7割以上が必要

　まずストライクゾーンに投げられることは基本条件となる。コントロールで言えばストライク率が7割は超えないといけない。10球投げたら7球ストライク。簡単に言うとストライクが取れないと試合を作る投手になるのは難しい。

　よく少年野球で「打たれるのは良いんだよ。ストライクが入っている証拠だから」と言うが、それによってアウトにする確率も高まる。公式戦に勝つまでにはいかなくても、投手として練習試合に登板することはできる。

　球速などスピードよりもまずはコントロールが大事。簡単に言えばいつでもストライクを投げて打者に打ってもらえば守っている野手は守備で投手を助けることはできるけど、フォアボールは助けることができない。打者に打ってもらい、仲間と協力してアウトをとるチャンスを作れることが条件の一つ。

「野球の試合は投手で8割は決まる」と一般的に言われている。それほど投手の存在は大きいものだ。投手に必要な条件や要素について説明していきたい。

2　時にボール球を投げることも必要

　投手の基本条件としてストライクを投げることができるようになれば、次の段階としてボール球を投げる練習も必要になってくる。何も言わないでブルペンでピッチングをすると、投手はベースの上だけ、ストライクゾーンを狙って投げていることが多い。そんなときは、捕手が打者を打ち取るために必要なボールゾーンを要求し、そこに投げてみる練習することで実践的な練習になるだろう。多くの投手はストライクを投げたいと思っている。でも相手からアウトをとるためにはボールゾーンに投げさせることも必要になるだろう。だから私は捕手に「あえてボールゾーンを要求し投げさせる練習をしておこう」ということもある。投手がどんどんストライクゾーンに投げたい気持ちにのときに、投手のボールを効果的に生かすためにいかにボール球を投げさせるか、それが配球のおもしろさになる。相手からアウトを取るために何が必要かということを考えることが大事だ。

ワインドアップ、ノーワインドアップ

1 ワインドアップ

ワインドアップは両腕を頭の上に振りかぶり、反動をつけて投げる。勢いをつけて投げるため速いボールは投げられるが、バランスを崩しやすくなる可能性もある。体を大きく使って勢いよく投げたい投手におすすめだ。

胸の前に両腕を置き構える。

左足がマウンド後方に一歩下がり、両腕を上げていく。

両腕は頭の上を通り、胸を張って打者を見る。

投手にはその投球スタイルに適した始動方法が存在する。ここではワインドアップとノーワインドアップについて説明しよう。

② ノーワインドアップ

ワインドアップは頭の上に振りかぶるのに対し、ノーワインドアップは振りかぶらないで投げる。ワインドアップに比べてバランスを保ちやすく、体がブレづらいのでコントロールがよくなる可能性がある。

ワインドアップ同様、始動は胸の前。

左足を一歩下げる。グラブの位置は変わらない。

グラブの高さをキープしたまま、左足を上げていく。

③ 横向きのノーワインドアップ

左足を1塁方向へ一歩引いて構える。足を開いた位置から始動する。

セットポジション、クイック

1 セットポジション

打者に対して体が垂直になる形で構え、プレートは軸足の外側で接地している。最初から横を向いているためワインドアップやノーワインドアップよりも投球動作は少ない。近年は走者なしでもセットポジションで投げる投手も多い。

グラブは顔の横に構える。

そのまま左足を上げ投球動作に入る。

走者が出た際には基本的にセットポジションで投球動作を始動する。また、投球モーションを盗まれないようにクイックで投げる必要も時には出てくる。

2 クイック

走者の盗塁を阻止するために素早く投げる投法。日本では「クイック」モーションということが多いが、英語では「スライド」モーションと言い、その言葉通りに前足を上げずに前へスライドするように体重移動を行う。

構えはセットポジションと変わらない。

左足は高く上げず、すり足気味で始動する。

前足を踏み出し、トップの状態が作られる。

Point 走者に対して（ときに打者に対しても）の投手の工夫の一つがクイックモーション。モーション以外にも「セットの間合いを変える」という工夫もある。意識しないと常に同じ間合いで投球モーションを起こしてしまいがちなので、意図的に「セットポジションでのボールを持つ時間」を変えるという工夫もできる。

軸足の使い方

軸足より後方に頭がいかないように気を付けながら、軸足に体重を乗せ、その勢いを使って体重移動を始める。軸足に対して、頭の位置は少し前に位置する。軸足一本で立つために、足踏みでその感覚を養う。右投手なら一度右足を上げ、タンッと右足を着地し、その勢いを活かして左足を上げる。その形が一番体重が乗りやすい。軸足に乗った体重を軸足を使って捕手方向へスムーズに体重移動させよう。

足踏み

軸足となる右足を上げる。	右足が着地し、左足を上げていく。	左足が上がり、右足一本で立っている。

Point

軸足一本で踏ん張るのは拇指球なのか、かかとなのか。その場所は人によって微妙に変わってくる。足踏みをしたときに、足の裏のどの場所が踏ん張りやすいかを探る必要がある。

傾斜を生かして投げる

マウンドから投げるときはその傾斜を活かして投げることが大事。斜めにまっすぐ立っていると頭が突っ込んだ状態になってしまう。そのため頭が突っ込まないように、下半身から前に行かなきゃならない。頭の突っ込みを抑えながら体重移動する必要がある。

傾斜を生かして投げる

頭が突っ込まず、下半身主導で並進運動を行う。軸足のすねが地面に対して垂直になっていて、体の開きを抑えている。

軸足のひざが内側に回転すると（倒れると）、下半身の開きが早くなる。

 傾斜の勢いをうまく利用することで、リリースのときに肩から軸足に向けてラインができる。

109

変化球の使い方

1 カーブ

カーブは変化球の中でも変化量の大きい球種だ。ボールのやや外側を握り、ひねるような動作でボールを離す。ストレートとの緩急を使ったコンビネーションで、タイミングを外すのに有効だ。

握り

リリース

ストライクを投げられるようになったら、次の段階としてどのボールでストライクを取るかが大事だ。中学より上のカテゴリーで言えば、変化球でストライクが取れることが投手の条件になってくる。中学生でよく投げられる4種類の変化球を紹介したい。

② スライダー

ストレートと同じ軌道から、手元で鋭く変化するボール。右投手の場合、右打者から見て外側へ逃げていく。握りはカーブと似ているが、中指でボールを切るように離す。スライダーよりも変化が小さく、速いボールは一般的にカットボールと言われる。

握り

リリース

変化球の使い方

③ チェンジアップ

ストレートの軌道から、手元で落ちるボール。親指と人差し指でOKマークの形を作り、中指と薬指でリリースする。類似するボールでサークルチェンジがある。投手と打者の距離のなかで、奥行きを使える球種。自分のものにすれば有効な武器となる。

握り

ストレートと同じ軌道から、手元で鋭く変化するボール。右投手の場合、右打者から見て内側に食い込んでくるように変化する。握りはストレートに似ているがかける縫い目（シーム）が違う。シュート（シンカー）よりも変化が小さく、打者の芯を外すのに有効な球種だ。

握り

1塁けん制

① プレートを外さないけん制　必ず1塁へ投げる

セットポジションの
姿勢で走者を警戒。

左足を1塁方向へ踏
み出す。

左足が着地し1塁へ
送球。

② プレートを外すけん制　1塁へ投げず、偽投でも良い

セットポジションの
姿勢で走者を警戒。

右足を斜め後ろ(3塁
方向)へ踏み出し、1塁
を向く。

左足を前に出し1塁
へ送球。

Point　プレートを外すけん制の場合、プレートの真後ろではなく、斜め後ろへ右足を踏み出す。そうすることでけん制のスピードが真後ろへ踏み出すときよりも、大分早くなる。プレートを外すときはプレートの後方（セカンドベース側）に外さないと外したことにならないので注意。

けん制は投手にとってはしっかりと身につけておきたい技術だ。ただ走者をアウトにするだけでなく、盗塁を阻止したりリードを小さくするなど走者にプレッシャーを与えるものだと覚えておきたい。

③ 左投手のけん制

左投手のけん制は、1塁走者の動きを見ることができる。走者を見るだけでもプレッシャーを与えられるのだ。けん制を投げる際は右足をまっすぐ1塁方向へ踏み出して投げる。右足がクロスして投げてしまうと、ボークを取られるので注意したい。

1塁走者の動きを確認。

右足を上げる。すぐ1塁方向へ向けると走者に分かるため注意。

そのまま1塁方向へ踏み出す。

1塁へけん制球を投げる。

NG✕
右足が交差しているため、そのまま1塁へ投げるとボークになる。

NG✕
右足をしっかり前へ踏み出さずに投げている。

2塁けん制

2塁けん制の場合、右回りのけん制も左回りのけん制も両方できるようにしたい。右投手の場合、左回りの方が回転しやすく、走者をアウトにするけん制にもなる。一方、右回りは右投手にとっては逆回りのためやりにくいが、右回りのけん制には走者のスタートを遅らせる効力がある。

① 左回りのけん制

セットポジションで構える。

右足を軸に回転し、左足を2塁へ踏み出す。

回転した勢いを使って送球する。

② 右回りのけん制

右足を上げ、そのまま右回りで回転。

体が2塁を向き、送球する体勢を作る。

左足を踏み出し、2塁へ送球する。

3塁けん制

3塁けん制は左投手の1塁けん制と同じで、投げる塁に直接踏み出すけん制となる。走者の動きが見えるため、スタートを切らせないのがポイントだ。大きく足を上げるけん制と素早く投げるけん制の2種類があり、これにゆっくりな動きと早い動きを組み合わせて4種類のけん制を作り出す。4種類のけん制があると見せておけば、相手はスクイズのときにスタートが切りにくくなる。

1　大きいけん制

左足を上げる。けん制が分からないように顔の向きを工夫する。

左足を3塁へ踏み出し、けん制を投げる体勢に入る。

そのまま3塁へけん制を投げる。

2　素早いけん制

セットポジションの体勢を作る。

左足を素早く3塁へ踏み出す。

素早く3塁へけん制を投げる。

捕手の構え方

① 構え

正面から

横から

NG×

Point

構えるときには腰が落ちないように気をつけたい。ひざとお尻の位置が地面と平行になるのが理想だ。また、「投手の的だから大きく構えなさい」という指導もあるが、胸を張ると体が立ってしまい腰が落ちる。前傾姿勢で構えると手を前に出すことができ、低めのボールにも対応できる。

捕手は他のポジションと比べて特殊な守備位置だ。特にプレー中はほとんど座っている時間が占めており、PART2で登場したしゃがむ動作がとても大事になってくる。まずは捕手の構え方をしっかりと身につけたい。

② サインを出す構え

横から

正面から

Point 一般的に捕手はケガ防止のため、右手を後ろに回していることが多い。しかし、右手を後ろに置くと、体が右側に傾き投手に正対することができない。正対できるようにミットの裏側など、あまり後ろに回しこまない位置に置き、ファールチップに当たらないように気を付ける。

フレーミング

ボールを自分から捕りに行こうとすると、ミットが落ちたり流れたりすることが多い。そのため、ボールの外側からポンッと捕球する動きをまず練習する。ボールに負けずに、ポンッと止めてあげる。止めるためにはそのボールを捕りに行くのではない。外側からポンッと止める。その感覚をつかむためにとにかく練習する。

① インコース

② アウトコース

近年、捕手のフレーミングの技術に注目が集まる。私はフレーミングとはボールをストライクに見せるための技術ではなく、ストライクをボールに見られないための技術だと考えている。

③ 低め

④ 捕球位置

ミットの捕球位置はコースによって異なってくる。右打者の場合、アウトコースは前で捕り、真ん中は体の前。インコースは体に近い位置で捕球する。

アウトコース

真ん中

インコース

CHECK!

右手

ボールの握り替えに
備えて楽な形を取る

捕球時

左足

捕球と同時に一歩踏み
出し、送球体勢に入る

右手

体の中心線近くで
ボールの握り替えを行う

握り替え

右足

内側のくるぶしを
投げる方向に向ける

スローイング

スローイング前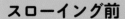

右手

テイクバックのトップに
ボールが来ている

左足

ステップし、
前に踏み出す

右足

体重が乗り、力が
たくわえられている

NG×

ボールの握り替えを体の中心
から外れたところで行っている

Point

スローイングの際の握り替えは
体の中心のラインで行う。そして
握り替えると「割れ」ができ、腕
を回して加速させた上でボール
を投げることができる。

CHECK!

正面から

捕手のワンバウンド処理は非常に重要なテクニックだ。投手が安心して投げられるかどうかにもかかわってくる。三塁に走者がいる場合などは、失点に直結する。

頭

ボールの落下点を
見るとアゴが引ける

ミット

ボールを逸らさない
よう地面に着ける

両ひざ

両ひざが倒れ、
地面に着いている

上体

前傾姿勢で
へそでボールを止めにいく

眼

ボールの方を
向いている

 Point

ワンバウンド処理は、まず最初に形を作りボールを当てる。その形で止める感覚を覚えていく。まずはミットがボールの位置に行き、ほぼ同時にひざが倒れてくる。上体が反ってしまったり体が突っ込むと、ボールを後逸する恐れがあるので気をつけたい。

横から

ワンバウンド処理（ブロッキング）

横のボールへの対応

通常の構えでボール
に備える。

ボールに対して右ひ
ざが内側を向いて移動。

ボールを前で弾いて
も良いように、上体を
前に倒す。

NG× 左足から先に動いたため、
体が外を向いている

Point ワンバウンド処理の基本は中心でボール
を落とすこと。右側のボールを止めたかっ
たら左ひざを内側に入れる。逆に左側の
ボールを止めたかったら、右ひざを内側
に入れて止める。もし右側のボールに対
し右足から行くと、体は外を向く。そうなる
とボールを弾いてしまう。

CHECK!

構え

左足の位置

走路は空けておかなければ
ならない。ホームベースの
右上付近に左足を置いて待つ。

Point　送球を待つときはベースをまたが
ず、走者の走路をしっかり空けて
おく。捕手にもコリジョンにならな
いスペースがあり、そこに左足の
場所を確定させる。左足を置く場
所は常に意識しておく。

NG✕

ホームベースをまたいで
ボールを待っている。

タッグプレー

タッチ

間一髪、タッチのやり方しだいで得点が入るかどうか変わってくる。最後の砦として正しいタッチ技術を身につけておこう。

ベースの前に左足を置き、ボールを待つ。

ボールを捕球したら、片手でタッチに行く。

右ひざをベースの方へ引き寄せ、走者をタッチする。

Point

ホームインを狙う走者は9割9分、ホームベース左下の斜めの線を狙う。そこにミットを持って行きタッチする。滑り込む走者もいるため、ボールを捕球したら体全体でベースの方へ体を引き寄せ、低い体勢でタッチしたい。

NG✕

腰が高い状態でタッチに行っている。

① リードの構え

通常のリード

スタートを切りやすくするために、右足は少し後ろに引く。

ワンウェイリード

塁に戻るのが最優先のリード。重心はベース方向に傾ける。

② リードの位置

前から

個人差はあるが、足で戻ってもアウトにならない距離までリードを取る。

1塁方向から

一二塁間を結んだ線よりも後ろでリードを取る。

リード (リードオフ)

リードでまず大切なのは「戻れる」という自信が持てるようになること。最初はとにかくベースへ戻る練習を繰り返し行っていく。

Point

リードオフの距離は目測せずとも自分がベースからどれくらい離れているかがわかるようにする。私の場合は、何モーション動くかを確認し、生徒それぞれのモーション数がセーフティーリードの把握につながる。何mかの距離ではなく、何モーションかで覚えると、ベースを見ながらリードすることがなくなる。最初は1.5秒で戻れる場所をセーフティーリードと設定する。

NG✕

意図せず、2塁までの最短距離のラインよりも後ろに下がりながらリードオフしてしまう。体にタッチされないようになど意図があるかもしれないが、ファーストは触塁する手を目がけてタッチしてくるので、最短距離でリードを取ろう。

NG✕

前足を交差してリードする。けん制が来たら帰塁が遅れてしまう。投手を見つつ、胸を1塁側へ向けながらリードを取ろう。

NG✕

リード中もずっとベースを見ている。投手のけん制に気づかないため、ボールから目を切らないようにしよう。

帰塁

1 足から帰塁

リードを取る。

けん制に対し素早く1塁へ戻る。

ベースの端を踏み、体を外側に向けタッチを避ける。

2 頭から帰塁

けん制に対して前傾姿勢で戻る。

手を伸ばして頭からベースへ飛び込む。

滑り込みベースの角にタッチする。

帰塁は足から戻る方法と、頭からヘッドスライディングで戻る2つの方法がある。アウトにならない距離を把握しておき、通常は足から帰塁。アウトになりそうなギリギリのタイミングならヘッドスライディングで戻る。

Point 帰塁の場合、大体がベースに戻って終わりとなっている。しかし、そこは「終わりはどこですか?」と問いかけたいところだ。「あぁ、セーフだった」と安心するのではなく、すぐに立ち上がって次の塁を狙う体勢を作る。そこでやっと完結する。帰塁の終わりは、新しいリードの始まりでもある。

③ 帰塁→リード 一連の流れ

ヘッドスライディングでベースに帰塁する。

ベースタッチしたらすぐに起き上がる。

立ち上がり投手の様子を確認。

リードを広げ投手にプレッシャーをかける。

スタート

1 スタート　一連の動き

右足を一歩引いた状態で
リードを取る。

右足を少し引くことで、
左足が前に出てくる。

低い姿勢のまま、
２塁に向かって走る。

Point

リードの時点で右足を少し後ろに引く理
由は、野球が横向きで切り返したり向き
を変えて走るからだ。そうなると右を向
く動作をいかに省略できるかが、早く走
るための条件になってくる。そのために
も右足を若干後ろに引き、右側に体を
向けておく。この状態が早くスタートを
切るための手段として選択している。ス
タートの際、左足が右足を一発でクロス
オーバーするよりも、クロスオーバーする
までに右足を少し引く。そうすることで重
心が傾き、この傾きを使って左足が前に
出てくるのだ。

リード、帰塁と来て次は2塁に向かってのスタートだ。盗塁、エンドラン、打球と状況に応じてスタートも変わってくる。また、バッテリーや打者の状況を見て、クルッと右側へ切り返す動きもスタートには不可欠だ。

② スタート　一連の動き

右足を一歩引いてリード。

体を右側に切り返しスタート。

左足を踏み出し
スピードに乗る。

右足も前に出て、
真っ直ぐ走る。

右足を後ろに引くのは、左足がまっすぐ2塁ベースに行くための走路としての意味合いもある。以前、イチローさんが高校生を指導した際、走塁練習で「まっすぐ走ってないで、こう走っていたよ」と走路について言っていたことを覚えている。これは速く走るためには足を速くしたり走り方を改善する以外にも、工夫できる余地があることを示している。

1塁駆け抜け

① 駆け抜け→ストップ

トップスピードに乗ってベースを踏む。

そのまま1塁線に沿って走る。

急停止してストップする。

Point

1塁の駆け抜けは、まず「直線で駆け抜ける」ことがポイントになる。多くの選手はベースを踏んだ後、右斜めに走り抜けることが多い。おそらくベースを踏んだ後にファウルゾーンを走ることで、アウトになるのを防ぐためと認識しているからだろう。でも、東京五輪準決勝の日本対韓国戦、近藤健介選手が1塁を駆け抜けた後、フェアゾーンに入ってタッチされたのにセーフだった。あの場面はフェアゾーンに入ったからアウトではなく、次の塁に向かう姿勢を見せたときは中でも外でもタッチされたらアウトになるのだ。近藤選手はそのルールをしっかり分かっていた。だからタッチされても、平然としていて動揺していなかった。

感覚としてはベース上ではなくベースの先にゴールラインを設定し、そこを駆け抜ける。フェアゾーンに入ったからダメではなく、2塁へ向かう姿勢を見せた瞬間、次の走者になるからタッチされてアウトだよ、とルールをしっかり理解する必要がある。

打者として打った後、例えば内野ゴロを打ってアウトかセーフか際どい判定になることがある。そのときに1塁駆け抜けは必須のスキルだ。ただベースを駆け抜けるだけではなく、細部に気を使いたい。

NG× ベースを駆け抜けた後、止まることができず流して走っている。暴投などがあった場合、次の動作にすぐ移ることができない。

② ベースの踏む位置

1塁ベースを駆け抜けるときはベースの手前側を踏む。また、ベースを踏む際には低い姿勢をキープすることもポイントだ。

ベースの手前を踏む。

NG×

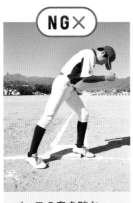

ベースの奥を踏む。

NG×

高い姿勢で踏む。

ベースの回り方

① ベースを回る走路

ベースの距離に合わせてふくらみ始める。

体を内側に傾け、ベースを回る体勢に入る。

ベース内側の角を踏み、進行方向へターンする。

ベースを踏んだ勢いを利用して加速する。

Point

走路にはオンラインとバックラインと2種類存在する。ベース最短で直線に結ぶラインよりも、大股3歩後ろに下げたのがバックライン。走る距離は長くなったとしてもスピードを落とさず、ベースを回るためにバックラインまで出てふくらんで回る。大事なことは走るスピードを減速しないことと、ベースを踏むのに足を合わせない。

左足でベースを踏むために減速するぐらいなら、減速せずに右足で踏めばいい。足を速くするのは何年もかかるけれど、走る走路を変えることは0.5秒でできる。足が遅くても走路を工夫し加速時間を増やせば、早くゴールにたどり着く。

ベースを回る際に大事になってくるのは、ターンと走路だ。打球の判断によってベースのターンや走路を変える必要がある。最短距離で、最速で走るためのベースランニングを身につけたい。

② 体を内側に傾けて回る

体を内側に傾け、ふくらんで走る。

傾けたままベースに近づく。

左足でベースを踏む。

ベースを回り終え、体が平行になる。

③ 体を外側に傾けて回る

走路をふくらみながら、ベースへと向かう。

体を外側に傾け、ベースを踏む。

ベースを踏んだまま、体が外側に傾く。

ベースを踏んだ後も、外側に傾けて走る。

Point

通常はベースを回るとき、体を内側に傾けて走る方が多い。その一方で、体を外側に傾けて回るやり方もある。外側に傾けて回ると、肩のラインが地面と平行になって勝手に減速せずに回っていく。生徒たちの走塁を見ていると、そのように走っている生徒が中にはいる。教わったものではなく、勝手にやりやすい走り方で回っているんだなと感じた。その両方の選択肢があると生徒たちには伝えている。これもテクニックを磨く一つとして選択してほしい。

スライディング

1 ストレートスライディング

ベースに向かって全速力で走る。

スピードを落とさぬまま、スライディングの体勢に入る。

体は横を向き、滑り込んだ右足でベースタッチ。

滑り込んだ勢いで、そのまま立ち上がる。

Point

スライディングが止まるための動作と考えると、スライディングは滑るのが短い距離の方が良いと考えている。けがをしないように練習して、できるだけ短く速いスライディングをしようと伝えている。また、ベースに着いたから終わりではなく、すぐに立ち上がり次の塁を狙える状態ができて初めて終わる。必然的にスライディングをしたら、すぐ立つようにしている。

動画でチェック!

スライディングは止まるために行うテクニックと言っても過言ではない。1塁と本塁以外は駆け抜けられないため、止まるためにスライディングをするのだ。

❷ ストレートスライディング・体の向き

初心者の場合、スライディングをやるとお尻を付いて正面を向き、バンザイのような姿勢を取ることがあるが、これをできるだけ横を向くように練習を繰り返す。横を向くと地面との接地面積が少なくなるため、横を向いて足を伸ばす形をまずは身につける。太ももまで接地してしまう選手もいるが、理想はすねだけ接地する形。ベースから1m離れた場所にマーカーを置き、その前からスライディングをする感覚や距離感を覚える。このときは固定ベースではなく、ケガを防ぐため動くベースで練習する。

❸ フックスライディング・アウトイン

ストレートスライディングはできるだけ早くベースにたどりつくためのスライディングであるのに対し、相手のタッチをかわしてベースにたどりつく方法としてフックスライディングがある。また、タッチをかわしながら手でベースに着くスライディングもあり、アウトインと名前を付けて指導している。

動画で
チェック！

動画で
チェック！

フックスライディング

アウトイン

PART 7

試合の考え方

練習の成果を、試合で表現する

　日頃から練習をしていることを前提として、練習で身につけたスキルやテクニックを実戦の場でいかに試すことができるかが大事になってくる。「練習のための練習」ではなく、「練習の成果を発表する場が試合」であり、「試合のための練習」を積み重ねることが大切だ。試合で何かしら結果を残すために練習しているんだよ、という大前提で練習に取り組んでいく。「練習で貯めてきた技術を、試合に持って行きましょう」というのが基本的な考え方になってくる。

　試合では投手を攻略するために、バットを短く持ったりバッターボックスの位置を変えたり、追い込まれるまで待つなど様々な戦術を用いるはずだ。そのため試合で使うための様々な場面にマッチしたバッティング練習を行うなど、実戦練習を普段からやっておくことも大事だ。そういった練習を重ねていき、「この場面はあの時練習したあれだよね」と声を掛けることができる。つまり、「練習で試したあの練習をやってみよう」となっていく。でも、中には「練習では日頃そんなにやっていないけど、試合ではその戦術をやろうとしているな」というチームを見かける場面がある。試合中については「この場面で練習してきた○○を使っていこう」と声を掛けている。

野球に必要な体の使い方、野球の技術を学び、次はいよいよ実際に試合を
やってみる段階に入る。試合は「試し合い」の言葉の通り、練習で積み重ね
てきたものを試すための場でもあるのだ。

うまくなる楽しさと勝つ楽しさ

　「練習でできないことは、試合でもできない」とよく言われている。
これまで色々な大会を戦ってきて経験を振り返ってみると、選手が想
定以上に頑張ったというのか、「この場面でこんなことができるよう
になったんだ…」という出来事が生まれると勝つケースが多い。また、
練習していないことではなく、「練習していたけれど、この場面ででき
たな」という成長が見られるのも勝つチームの特徴だろう。

　大会期間中、試合を重ねていくことで強くなることがよくある。試
合に勝つことで、勝ち方を知り、勝ちに慣れ、また、ピンチを乗り越え
て勝利した試合があれば自信にもなる。次第に「自分たちは勝てるんじゃ
ないか」という前向きさや、あきらめない気持ちが生まれてくるのだ。

　そのように考えると、試合に勝つことは大事だなと感じている。ど
ういう形であれ、勝った経験がうまくなることや強くなることにつながっ
ていく。日頃は「楽しくやろう」と言うけれど、その楽しさには2種類
ある。一つはうまくなる楽し
さで、もう一つは勝つ楽しさ。
日頃の練習ではうまくなる楽
しさを味わってほしいし、試
合では勝つ楽しさを味わって
ほしいと思っている。

試合をしよう

試合をトータルで考える

　大会で勝てるようなチームになると「試合はトータルで考えなさい」と生徒たちに伝えている。要は結果的に相手より1点でも多く得点を挙げたら勝ちなんだよ、と。そのためにもビハインドやピンチの状況でも、結果的に相手より上回れれば良いんだから。その瞬間だけで考えず、「ここを乗り切ればいけるよ」「この場面を2点でなく、1点で抑えれば最後に相手より1点上回るよ」など、目先ではなくてトータルで試合を判断していく。プレーや戦術の選択を試合全体で考えることは、常々試合中に言っている。

　野球は9回だと序盤、中盤、終盤と3回ごとに区切り、終盤に試合が動くことが多い。一方、中学軟式は7回制。勝負ごとは早めに仕掛けなければならない考え方だ。終盤の考えとしては6回、7回をいかに作るかがポイントになってくる。例えば、打順の巡りを考えると、5回をどのように終わるか。8番打者で5回が終わると、6回は9番からの攻撃が始める。そこで何とか9番打者まで回して、6回は1番から始めるようにする。逆にここで変に頑張らず、6回をどう迎えるか。そのような考えをすることはある。相手の打線にしても「この打者は出しても良いんじゃないか」と考えたり、結果として6回、7回をどう迎えるか。後は7回で決着がつかずタイブレークになることも考慮しなくてはならない。相手より得点を上回るということは、終盤をどう迎えるかにもつながってくる。

「回の切り方を考える」

　生徒たちには守るときに「回の切り方を考えて守ろう」と言っている。これは「あるある」なのだが、6番打者から始まって6番、7番と簡単に2アウト。でも8番でフォアボールを出す。たとえ9番を打ち取ったとしても、次の回は1番打者から始まる。もし8番で攻撃が終わってい

たら9番から始まるはずだった。どこでイニングを切って終わらせるかは結構大事な話だ。そういう話をバッテリーには話をしている。

　監督やチームによって変わってくるが試合前半に仕掛けておくと、試合後半に相手が仕掛けてくるかもしれないとプレッシャーを感じさせるために仕掛けるケースがある。ただ、レベルが高くなれば高くなるほど、仕掛けることに意味はなくなるだろう。エンドランを仕掛けても普通に防がれてしまうし、関東大会から上の全国大会での勝負はそんな感じになってくる。地区予選などでは結構動いて相手にプレッシャーをかけていく。これまで臨んだ大会や試合では、試合の流れを読みながらクロスゲームで勝ち上がることが多かった。

　初めて山梨県大会を優勝したときは6回までパーフェクトに抑えられていて、7回は1番打者からの攻撃。セーフティーバントで出て送りバントとエンドランで2アウト3塁にして、4番打者がセンター前にポテンヒットを打って1点を挙げて勝利した。後半に勝負するつもりではないけれど、徐々に相手を消耗させる、または相手を崩していく何か手立てを打っていく必要がある。

　先を見ることで言えば、例えばイニングの最初に「バッター○番」とベンチから声を出す場面があるだろう。私のチームの場合、1イニングで最低でも打者は3人回ってくるため、例えば2番打者からだったら「2、3、4」と打順を伝える。2番から始まるということは3番、4番は確実に回ってくるから、認識して準備しておく。それが先のイニングを見ることにもつながるのではないかと思っている。

　次のページからはバッテリー、守備、バッティング、走塁、そしてベンチワークとそれぞれの項目における試合中の考え方について説明していきたい。

バッテリーと打者

バッテリーの役割

❶ストライクを稼ぐ

　バッテリーの役割としてまず大事になってくるのは、ストライクを稼ぐこと。ストライクを稼ぐことで、打者との勝負を優位に進められるのだ。

　ストライクの稼ぎ方として、見逃し、空振り、ファウルの３つがある。見逃しでは打者の狙い球が見えてくる。例えば初球にカーブを投げる。打者が悠然と見逃したならカーブを捨ててストレート狙いだとその意図が読み取れる。逆に体やバットが反応していたら、カーブを待っている可能性も考えられる。

　空振りやファウルも同じように、打者の狙い球を知る手がかりとなる。打者が打ちにいくことでスイングの軌道やスピード、クセなども読み取れるだろう。打者の反応を見て、次にどのボールをどのコースに投げるかを選択し、ストライクを稼いでいくのだ。そのためにも捕手のミットに集中するだけではなく、打者の様子もしっかりと見ておく必要がある。

　以前、ヤクルトなどで監督を務め、現役時代は捕手だった野村克也さんが「配球は初球が一番難しい。何も根拠がないからどこに投げればいいのか分からない」と言っていた。この言葉に通じる部分があるとは思うが、一球投げれば投げた分だけ打者の情報は入ってくる。例えばボールを見逃したときの打者の待ち方や見逃し方。スイングをすればその軌道や傾向が見えてくるはず。この情報を元に「ならばこのボールを投げよう」とそのボールを投げる根拠が生まれてくる。情報を収集する感覚は大事だなと思う。

❷みせる

　「ストライクを稼ぐ」の次の段階として、「ボールをみせる」がある。「み
せ球」や「誘い球」という表現を使い、意図としては次に投げるボールを
どう生かすかを考え布石を打って投げることだ。野球界では昔から「餌
（えさ）をまく」という言葉がある。前に投げたボールの残像を使って
打者を打ち取る投球術と言ってもいい。残像は少なくとも10秒はあ
ると言われているため、早いテンポで次のボールを投げたいところだ。
例えば、打者の体を起こすためにインコース高めにストレートを投げる。
打者はインコースに投げられて体がバッターボックスから無意識に離
れてしまう。そこでアウトコースにストレートやスライダーを投げて
空振りを狙う。前のボールでインコースに投げられたため、アウトコー
スのボールはより遠くに見えてくるはずだ。インコース高めに投げて
から30秒後に投げるのと、10秒後に投げるのとでは効果は全く変わっ
てくる。10秒後の方がより残像が残っているので効果は絶大だ。

　「誘い球」には打者に対してはもちろん、走者に対するものでもある。
よくバッテリーの生徒には「投手の相手は誰？」と聞くと、大体が「打者
です」と答える。でも、出塁した走者も投手の相手となるため「打者だ
けではないでしょ？」と質問すると、「あぁ、走者もいる」と気づく。打
者を打ち取るアウトも1アウトだけれど、走者をアウトにするのも1
アウト。走者が盗塁などで仕掛けてくるのを誘い出すための誘い球も
存在するのだ。

　また、打者の状況を見たり、様子をうかがう側面もある。例えば相
手打者の狙いが見えてこない場合、みせ球を投げてその反応を見る。
走者がいる場面なら、一度けん制球を投げて落ち着かせるのも一つの
手だろう。

バッテリーと打者2

❸仕留める

文字通り、アウトに「仕留める」ためのボールだ。ほとんどの場合は三振を奪うイメージが強いだろう。ゴロアウトやフライアウトで仕留める方法もあるため、状況に応じてどのアウトが一番良いのかを考えて配球する。

同じストレートでも、ストライクを稼ぐためのストレートとアウトに仕留めるためのストレートは意味合いが異なってくる。仕留めるためのストレートの方が、厳しいコースに投げてくる場合もある。一見すると「何も変わらないじゃん」と思われがちだが、投手がそのボールにどんな意志を込めたのかが大事になってくる。そのため投手の生徒には「意志を込めて投げなさい」とよく言う。意図は考えであり、投手と捕手でまず意図をマッチすること。その意図のあるボールを「こう投げてやるぞ」と文字通りに「志し(こころざし)」をボールに込める。本当にどうかは分からないが、「意志のあるボールは強いよ」ともよく言う。力みにつながってはダメだけれど、ただ漠然と何となく投げない。捕手と一緒に考え、意志のあるボールを投げていくのだ。

打者の役割

❶出る

　言葉の通り、まずは打者が出塁しなければ得点のための攻撃は始まらない。出塁方法としてはヒット、四死球、相手のエラーの３つがあるだろう。

　最初は打って出ることを目指す。そのためにもバッティングの技術をそれぞれが高めておく必要がある。その一方で、良いバッティングをするためには良いボールを打たなければならない。良いボールを打つにはボールを見極める選球眼が必要になってくる。選球眼が良ければ悪いボールには手を出さず、必然的にフォアボールへとつながっていく。

　結局のところ、出塁するためには打者の技術が何よりも重要だ。その技術は何かと言えば、正しいバッティングと正しい選球眼。最初からフォアボールを狙いに行く打者はたまにいるけれど、フォアボールはあくまで結果であり基本的には打って出る。「バッターボックスに立ったら打ちに行きなさい」というのがまず大前提の考え方だ。

　エラーは不確定要素で相手の問題になってくる。「ゴロはエラーが出る可能性があるけれど、フライはダメだ」とよく言うけれど、私自身はあまりそう思っていない。軟式野球においてフライは、ほんの少しの差でホームランか内野フライか変わってくる。微妙な違いの結果論でしかなく、フライを打ちたくて打席に立っている選手は誰もいない。その点は積極的にチャレンジしてほしい。

バッテリーと打者3

❷つなぐ

　得点を取るためには「つなぐ」ことが必要。自分で得点を挙げられな
くても、次の打者が得点できるようにつないでいく。選択肢としてはヒ
ットはもちろん、バントやエンドラン、四死球、犠牲フライ、内野ゴロな
ど色々なパターンが存在する。ここでは相手にアウトをあげても、仲
間の走者を前に進める意識が大事になってくる。例えば走者2塁で自
分はセカンドゴロに倒れアウトになった。でも走者は3塁に進んでいる。
結果はセカンドゴロだけど、進塁打としての価値は大きい。このよう
な「意味のあるアウト」の価値を認識してほしい。

　また、相手に大量リードを許している中で、「1点を取っても勝てな
いんだから、多くの得点を挙げるためにここで1点は取らなくてもい
い」という判断も必要になってくる。例えば4点リードを許す展開で、

ソロホームランが出ても試合
の大局にはあまり変わりな
い。それよりもつないで走
者を増やし、得点を重ねるこ
とで勝機が見えてくる。ホー
ムランを打つくらいなら、走
者で残った方が良いはずだ。
「どのようにつなぐか」を打
者や走者が考えて、そのため
のバッティングや走塁がで
きるのではと思う。

❸かえす

「かえす」は走者をかえして得点を挙げること。ヒットもあればスクイズやエンドラン、犠牲フライや内野ゴロなどその方法は多岐にわたる。

そのためには今の状況がかえす場面なのか、またはつなぐ場面なのかを理解する必要がある。投手の意志ではないけれど、打者自身が「自分は今、どんな目的で打席に立っているのか」を判断し、意志を持つことができれば良い。試合状況によっては同じシチュエーションでもつなぐ場面なのか、かえす場面なのかも変化してくる。例えば走者2塁でも3点差で負けているか、1点差で負けているかでも異なる。3点差で負けていたらつなぐ場面だろうし、1点差ならばかえす場面だろう。

山梨北中に2023年の4月に赴任し、野球部最初の練習試合ではサインもまだ分からない状態だった。そこで「君たちがどう考えて野球をやっているか見たいから、自分たちでサインを出してみて」と指示した。そのサインも「出ます」「つなぎます」「かえします」と走者に伝える形で行った。得点を入れるためには出てつないで、かえさなきゃならない。打者の仕事はその3つなんだよ、と。生徒たちはサインが出るのを待ってしまうため、意志を持ってバッターボックスに入る経験が少ないのではと感じる。

例えば、監督が出すサインを見て、「そのサインは『つなぐ』という意味だな」とその意図をチームで理解・共有できるようになると良いのではないだろうか。

守備の役割

2つ取ることを狙う

　塁上に走者がいるときはまず「2つ取る」ことを狙う意図だ。バッターランナーからアウトを取れずに1塁または2塁にいる際に、2つアウトを取ることをプレーの選択の最優先にする。「とりあえずこの場面は1アウトを取る」という場面でも、2アウト取るチャンスがある状況なら「まずは2つ取ることを狙おう」と言っている。走者1塁で内野ゴロが転がったらダブルプレーが取れるけれど、ノーアウト走者2塁では取りにくい。でも2つ狙ってほしい。例えばノーアウト2塁でサードゴロになった。通常だとサードが2塁走者の動きをけん制しながら、1塁へ送球し1アウト。ここでファーストは2塁走者をアウトにするため、何らかのプレーをしなきゃならない。2塁走者は3塁を狙って走るのか、それとも2塁を離れて見ているのか。そこで送球して2つアウトに取ることを狙わなきゃでしょ、と。アウトを1つ取って安心するのではなく、あくまで2つ取ることを狙う。走塁のところで「リードの終わりはいつですか？」という話が出たが、同じ理屈なのだ。

　同じように走者2塁でサードにボテボテのゴロが転がった。2塁走者はスタートを切って3塁へ走る。場合によっては3塁を回る可能性も出てくるだろう。そこでサードからの送球を受けたファーストは走者の動きを見てすぐに投げる。サードはゴロを処理した後、2塁走者が3塁をオーバーランする可能性を考え、すぐにベースカバーに入る。2塁走者が俊足だったら本塁を狙ってくるかもしれない。1つアウトを取ったからと安心して、プレーを完了させてはいけないのだ。外野も同じようなことが考えられる。ノーアウト1塁で打者がレフト前ヒットを打った。2塁に進んだ1塁走者のオーバーランを見て、すぐ送球すればアウトにできるかもしれない。打者と走者の両方でアウトをくれるチャンスがあるのなら、それは狙いに行くべきだ。

アウトを2つ取ることを狙うパターン例1

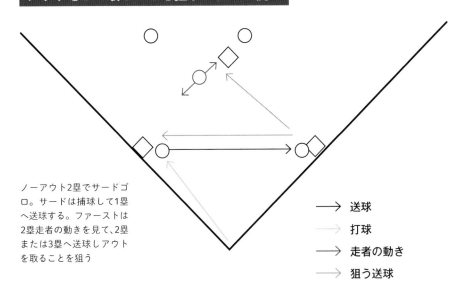

ノーアウト2塁でサードゴロ。サードは捕球して1塁へ送球する。ファーストは2塁走者の動きを見て、2塁または3塁へ送球しアウトを取ることを狙う

→	送球
→	打球
→	走者の動き
→	狙う送球

アウトを2つ取ることを狙うパターン例2

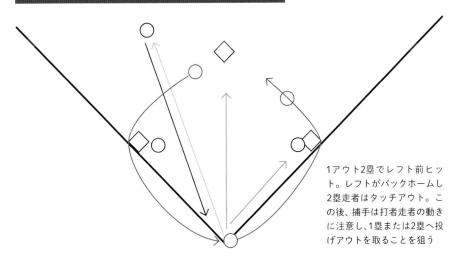

1アウト2塁でレフト前ヒット。レフトがバックホームし2塁走者はタッチアウト。この後、捕手は打者走者の動きに注意し、1塁または2塁へ投げアウトを取ることを狙う

守備の役割

前の走者をアウトにする

PART1で書いたように、野球は4つの塁を正当に回ってきたら得点できるルール。そう考えるとできるだけ前にいる走者をアウトにした方が、相手をホームベースから遠ざけることになる。後ろの走者をアウトにするよりも、前の走者を優先してアウトを取りに行った方が試合を優位に進められる。例えば1アウト1塁でサードゴロの場合、2塁ベースカバーに入るセカンドへ投げる。その後、1塁へ転送し5－4－3のダブルプレー。たとえ1塁がセーフになったとしても、2塁をアウトにしたことが次のプレーで活きてくるのだ。また、ノーアウト2塁の場面で打者が送りバントを仕掛けてきた。1塁方向へ転がり、チャージしてきたファーストが捕球。2塁走者を3塁でアウトにできそうなので3塁へ投げてアウトにする。そうすると1アウト1塁となり、送りバントが決まった場合の1アウト3塁とは大きく状況が変わってくる。

後ろの走者をアウトにする

先に書いた通り、あくまで前の走者をアウトにすることが第一であり、後ろの走者はその次となる。最初から後ろの走者を狙ってアウトを取

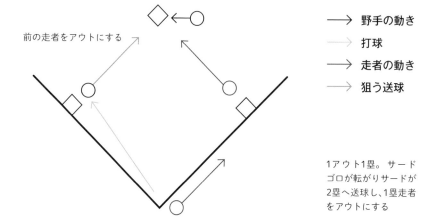

前の走者をアウトにする

→ 野手の動き

→ 打球

→ 走者の動き

→ 狙う送球

1アウト1塁。サードゴロが転がりサードが2塁へ送球し、1塁走者をアウトにする

るわけではない。ただ、けん制の場合は前の走者よりも後ろの走者の方がぼんやりしているケースがあるため、アウトになる可能性は高い。バッティングや走塁にもつながる話だが、「やれる（行ける）からやる（行く）」ではなく、「まずやろうとして、それが不可能だからやめる」という意図の優先順位のつけ方が大事だと思っている。守っている野手もアウトにしようと狙いに行ったけど、無理だから次のプレーを選択する。その積み重ねが勝利へ近づくための方法だと思っている。

走者をおさえる

　たとえアウトに取れなくても、走者を次の塁に進ませないのが「走者をおさえる」だ。そのためにもミスを最小限に抑え、無駄な進塁を許さないことが大事になってくる。私はよく「ミスの時間を短くしなさい」と生徒たちに言う。ミスはしないものではなく、どうしても出てしまうもの。その中でミスをしている時間が長くなると、進塁を許してしまう。だからこそミスの時間を短くし、進塁を食い止める。そういう意味ではバックアップもポイントになってくる。例えば送球で高い暴投を投げたとしても、後ろに入ってバックアップする。ひとりがミスをしても、チーム全体でカバーするのだ。

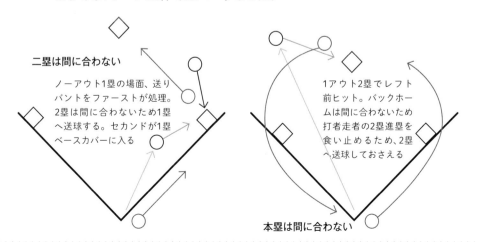

二塁は間に合わない

ノーアウト1塁の場面、送りバントをファーストが処理。2塁は間に合わないため1塁へ送球する。セカンドが1塁ベースカバーに入る

1アウト2塁でレフト前ヒット。バックホームは間に合わないため打者走者の2塁進塁を食い止めるため、2塁へ送球しておさえる

本塁は間に合わない

走者の役割

進む

　野球における走者の仕事は、とにかく次の塁へ進むこと。「行けるから行く」だともう遅いため、常に進むことを前提に考える。そのためもPART6でも触れたが、戻れる練習をしておく必要がある。「何のために走者がいるのか?」と考えると、ホームベースに還ってくるために走者が存在するのだ。

　3アウトでチェンジになる中、4つの塁を進んでホームインしなければ得点は入らない。そう考えると攻撃は常にマイナス1の状況になってくる。3つのアウトで3つ塁を進んだとしても得点にはならない。ノーアウトで走者1塁の状況を作り1アウトで2塁、2アウトで3塁。3アウトになる前にホームに還ってくれば良い。例えば1アウト走者1塁の場合は、相手に1つもアウトを取られずに進塁する場面が2回出てくる。そのためにも盗塁など＋1の走塁だったり、複数の塁を進む長打が得点の条件になってくる。1つのアウトで1つの進塁ではなく、0個のアウトで2つ以上進む塁またぎも必要だ。

　PART1で「野球は人が得点するスポーツ」と書いたが、その人間の判断力によって得点に直結すると言っても過言ではない。臨機応変な判断で塁を進みホームインしてほしい。

動かす

　「動かす」は相手の野手を動かす狙いがある。例えば走者1塁の場面、1塁走者が投手のモーションに合わせてスタートを切る。それを見てセカンドは盗塁だと判断。2塁方向へカバーに入る。その瞬間、一二塁間は通常よりも広くなっている。それを見て打者が一二塁間へゴロを転がす。普通ならセカンドゴロになる当たりがライト前ヒットとなり、1塁走者は一気に3塁へ進んだ。この場面はショートも2塁ベースカバーに入るため、三遊間が通常よりも広くなる。そこで三遊間へゴロを転がしてヒットにする戦術も

あるのだ。

　走者のスタートによって相手野手が動き、そのスペースを狙って打者が打つ。攻撃も絡めたテクニックと言える。

見せる

　「見せる」は戻るためのワンウェイのリードを仕掛けたり、フェイクのスタートを切るなど相手にプレッシャーを与える効果がある。相手にとっては「何か仕掛けるぞ」と警戒させる意味合いも持つ。実際に行動はしないにしても、このようにプレッシャーを掛けることで相手の守備を「動かす」ことができるはずだ。

「動かす」パターン例

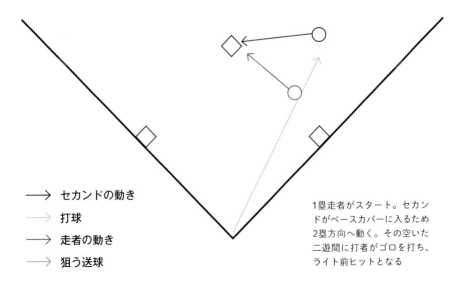

⟶　セカンドの動き

⟶　打球

⟶　走者の動き

⟶　狙う送球

1塁走者がスタート。セカンドがベースカバーに入るため2塁方向へ動く。その空いた二遊間に打者がゴロを打ち、ライト前ヒットとなる

ベンチワーク

ベンチワークとは？

　野球には「ベンチワーク」という言葉がある。ベンチにいる選手がただ試合の状況を見ている、ただ声を出すだけではなく、能動的にベンチ内で動きチーム一人ひとり、全員が勝利に貢献していく。

　その一つとして環境づくりがある。例えばファウルボールが飛んだときにボールを取りに行ったり、打った打者のバットを拾いに行く。基本的に試合に出ている選手に行かせるのではなく、ベンチにいる選手が率先して動くような状況を作りたい。

　他にもこんな状況も出てくる。捕手の選手が打者で最後にチェンジとなった。その選手は当然ベンチへ戻り防具を付けてから守備へ向かう。その際に早く守備へ行けるように、防具を付けるのをベンチにいる選手が手伝えるように備えよう。同様に走者だった選手に帽子とグラブを持っていったり、水分補給が必要な選手には水を持っていく場合もある。これらは試合に出ている仲間への気遣いだったり、目配り気配りにもつながってくる。そういった助け合う精神がベンチワークには不可欠になってくる。

情報収集、情報共有も大きな役割

　プレーのしやすい環境を作り出すことに加え、情報を収集することもチームの勝利に貢献する大切な仕事だ。どこ（何）を見て、どんな情報を得ることができるのか、日頃から、その視点と考え方をチーム内で共有しておきたい。

　野球を始めたばかりの生徒に伝えるとしたら、「当たり前に分かっていることを繰り返して言う」。今の状況が何アウトで、打者が何番というのはスコアブックを見れば分かる情報。まずはその情報をちゃんと得る。これを身につけて「打者何番だよ」「何アウトだよ」と守っている野手に伝える。そのうち、「前の打席はこっちに打っているよ」とス

試合は出場している選手とベンチで役割を果たす仲間とが一体になったベンチワークが試合の大事な要素となる。試合に出ていないからただ試合を見るだけではなく、ベンチでの役割を全うすることでチームに貢献できるのだ。

コアブックに書かれている情報も伝え始めていく。「この打者、前の打席で足が速かったよ」となったら、早いか遅いかを判断するためにストップウォッチを持たせると良いだろう。一般的に足が速い、遅いと言うけれど、何の基準で速いか遅いかという話になってくる。例えば右打者だったら、5秒以内で1塁を駆け抜けたら結構速い部類だと話をする。それならば客観的な根拠があるため「この打者、1塁の駆け抜けが4秒2だって。メッチャ速いよ」とより正しい情報で伝わっていく。

情報収集する面白さが生まれてくる

同じようにストップウォッチで投手のセットポジションの長さや1塁けん制のタイムを計測するのも良いだろう。ベンチの中にいた方が冷静に計測できるため、戻ってきた選手に「投手の間合い、何秒だよ」と伝えることもできる。情報収集の一つとしてストップウォッチが活用できるのではないかなと感じている。他にも投手のリリースから捕手のミットに到達するまでを計測。例えば0．6秒だと100km、0．5何秒だと120kmと客観的な球速の数値表を生徒たちに渡すときもある。そのため「速い、遅いと見た目で判断しているけど、何を根拠にそう言っているの？」と生徒たちに言う場面もある。

この習慣ができてくると客観的な数値で情報収集する面白みを感じて、積極的にあらゆる数値を収集しようとする生徒も生まれてくる。そしてその情報をベンチ内で共有していくのだ。中学野球に限らず、学生野球はその日に初めて対戦するチームがほとんど。そのため、試合中にどれだけ情報収集できるかが勝負を分けると感じている。試合に出ている選手がやる場合はなかなか難しいため、ベンチにいる選手がその役割を担う。これもベンチワークの一つであり、試合に出るだけが戦力ではないという意味合いにもなってくる。孫子の有名な格言で「敵を知り、己を知れば百戦危うからず」がある。まさにこの言葉の通りだ。

おわりに

　中学軟式野球はジャイアントキリングが起こる可能性が十分にあるスポーツです。それが中学軟式野球の魅力の一部だとも言えます。軟式野球は得点するのが難しくロースコアの試合になることが多く、その特性を生かし、まずは成功確率の高いディフェンス力を高めることをベースに、負けない状況をつくることができれば、得点するチャンスは必ずやって来ます。そして、試合をトータルで考え、俯瞰し、最終的に相手より1点多く取る。相手の体つきやシートノックを見て、「とてもかなわない」と感じるような相手にでも勝てる可能性を見出すことができる。つまり、自分たちの可能性を楽しめたり、自分たちに期待することができるスポーツでもあると思っています。このことは、これまで一緒に野球に取り組んだ選手たちから教わった「可能性はゼロじゃない」という考え方がもとになっています。どんなに強そうな対戦相手であっても試合開始の合図をして試合が始まれば、勝てる「可能性はゼロじゃない」と信じさせてくれる選手とたくさん出会ってきました。そんな中学軟式野球の魅力を少しでも多くの方に感じていただければと思っています。

　一方で、以前、2019年にNPBの開幕投手が外国人のメッセンジャー投手（当時阪神）を除くと、11人が中学軟式出身だったことが話題になりました。第5回WBCでは佐々木朗希投手（千葉ロッテ）や今永昇太投手といった、中学軟式出身の投手が優勝に貢献しています。私は2019年に軟式の選手で構成された、第10回BFAU15アジア選手権にコーチとして帯同しました。優勝した侍ジャパンU-15代表では、22年のNPBドラフト会議で浅野翔吾選手（巨人）など3人が指名されています。中学時代は硬式が有利だという声もありますが、軟式には大きな可能性があるのです。

　最後に、私は、選手たちが互いを高めあい、対戦相手と素晴らしい野球の試合を作り上げることができるチームであってほしいと思っています。チームメートはもちろん、対戦相手に対する存在のありがたさ（リスペクト）を感じ、それを示し、スキルフルで一生懸命さが伝わる試合ができるようになるということです。そして、それを応援してくれる保護者や支援者の方々の心が動くような経験をしてもらえる。野球がそういうスポーツであり続けられるように微力ですが野球と向き合っていきたいと思っています。

平井成二 ひらい・せいじ

[山梨市立山梨北中学校教諭]
1972年生まれ。宮城県出身。白石高では硬式野球部、福島大では軟式野球部でプレーし、現役時代のポジションはキャッチャー。大月市立猿橋中、甲州市立塩山中、山梨市立山梨南中と3つの中学校で関東大会進出を果たし、山梨県選抜(山梨クラブ)では全国準優勝。2019年には侍ジャパンU-15代表のコーチとして、第10回BFAU15アジア選手権で優勝を経験している。23年4月から山梨市立山梨北中に赴任。野球部顧問を務める。著書に「これで完ぺき! 野球ピッチング・守備」(ベースボール・マガジン社刊)がある。担当教科は英語。

山梨市立山梨北中学校
軟式野球部のみなさん

中学デビューシリーズ
軟式野球入門

2023年12月29日　第1版第1刷発行

著者　　平井成二

発行人　池田哲雄

発行所　株式会社ベースボール・マガジン社
　　　　〒103-8482
　　　　東京都中央区日本橋浜町2-61-9　TIE浜町ビル
　　　　電話　03-5643-3930（販売部）
　　　　　　　03-5643-3885（出版部）
　　　　振替口座 00180-6-46620
　　　　https://www.bbm-japan.com/

印刷・製本　共同印刷株式会社